# ¿Y ahora qué?

Cómo afrontar el duelo por la pérdida
de tu gato

## Santiago Espinosa de la Torre

# Contenido

# Dedicatoria

Dedicado a mi querido compañero felino Oreo, siempre estarás en mi corazón y jamás caerás en el olvido.

# Sobre mí

Mi nombre es Santiago, he trabajado como terapeuta especializado en el tratamiento del duelo animal y he sido voluntario durante varios años.

**Mi trayectoria vital**

Mi historia de duelo empezó cuando perdí a mi querido compañero canino Lewis cuando tenía solamente 10 años, muchas personas creen que era muy joven para estar en duelo, sin embargo, era mi mejor amigo en la infancia y la niñez. Pasaba mucho tiempo con él, ya que era muy cariñoso y me encantaba jugar con él. Cuando, por desgracia, falleció sufrí bastante, no entendía las emociones que estaba experimentando y fue la primera vez que me enfrenté a la muerte.

Después cuando tenía 15 años, perdí a mi querido amigo gatuno Oreo de forma inesperada en un trágico accidente vial. Pasaba mucho tiempo con él, por lo que también sufrí bastante tras su muerte.

A continuación, mi querido compañero Simba murió de cáncer, esta fue otra pérdida que me afectó profundamente.

**Mi trayectoria profesional**

Mi experiencia tras estas pérdidas tan íntimas fueron lo que me inspiraron a ser un terapeuta especializado en el tratamiento del duelo animal y a dedicar mi vida a los animales.

También trabajé durante unos años en un crematorio para mascotas en Estados Unidos, por lo que sé lo doloroso que puede ser perder a un compañero.

Asimismo, he colaborado en protectoras y ahora dedico tiempo a ayudar a animales necesitados en mi localidad.

**La actualidad**

Actualmente resido en España. Paso mi tiempo libre disfrutando con mis animales de compañía y como voluntario.

Tengo 2 compañeros caninos que rescaté de la perrera y tengo otros 2 amigos felinos, uno fue rescatado y el otro fue regalado por un amigo. Los quiero mucho y aprecio todos los momentos que comparto con ellos.

## ¿Por qué escribir un libro?

Decidí escribir un libro para ayudar a las personas que han perdido a un animal de compañía a afrontar el duelo por su pérdida, ya que sé por experiencia propia lo doloroso que puede ser la pérdida de una relación tan cercana.

Con mi experiencia y las investigaciones que he hecho a lo largo de los años espero poder ayudarte a superar esta pérdida tan íntima y a comprender que es perfectamente normal estar en duelo por esta muerte.

Además, me gustaría informarle a la gente sobre todo lo que he ido aprendiendo en estos años, ya que existen pocos recursos para afrontar el duelo por la pérdida de un animal de compañía en español.

# Introducción

Llegas a casa, dejas las llaves del coche y empiezas a caminar hacia la cocina para guardar la compra, pero sientes que algo ha cambiado. Sientes una ausencia en la casa, y tu corazón se siente triste y vacío. Te sientes confundido, hasta que te das cuenta de que tu compañero felino no está contigo. No te saludó cuando entraste por la puerta, tampoco se frotó con tu pierna ronroneando mientras te inclinabas a acariciarle con amor y cariño. Con el corazón entristecido te diriges al sofá para sentarte un rato, pero tu peludo no está para acompañarte mientras ves televisión. No está jugando con su cojín favorito, tampoco está ronroneando para llamar tu atención o maullando para que le des comida o le dejes salir.

¿Qué vas a hacer, ahora que se ha ido? Era tu mejor amigo, es imposible imaginar cómo es vivir sin tu animal de compañía. Echas de menos sus suaves caricias, sus maullidos, su olor y su suavidad, que te llenaban con tanto deleite y satisfacción. Deseas que todavía esté contigo.

Te preguntas: "¿Y ahora qué?" y "¿Cómo puedo superar este dolor?". En este libro, explicaré la respuesta a estas preguntas. Además, te daré unas estrategias de afrontamiento que te ayudarán a superar el dolor y que te guiarán a través de todos los cambios que experimentarás después de la pérdida de tu peludo. También te mostraré cómo puedes sobrellevar la profunda tristeza que sentirás.

Asimismo, te resultará útil si has perdido a tu peludo y estás en duelo, también te ayudará si tienes dificultades para sobrellevar todas las emociones que genera la pérdida y si quieres hacer algo especial para conservar los recuerdos que compartiste con tu amigo.

Escribí este libro para mostrarte que hay recursos a tu disposición, los cuales te ayudarán durante este momento tan difícil. Un momento que está lleno de tantas emociones (como la añoranza y la tristeza) y de tantos recuerdos. Además, se puede usar como una guía para apoyarte durante el doloroso proceso de superar el duelo.

# ¿Y AHORA QUÉ?

Basándome en mi propia experiencia personal, y al ser un terapeuta certificado especializado en el tratamiento del duelo animal, he ayudado a innumerables personas, a lo largo de los años, a superar el duelo por la pérdida de su animal de compañía y a darles nuevas formas para que expresen su dolor de una forma sana.

María, cuya gata Luna murió de una enfermedad cardíaca, dijo:

*Lo mejor de este libro es que calma inmediatamente el miedo y la desesperación. Aprendí que mi miedo y mi soledad eran normales y que era importante expresar mi dolor. También aprendí que continuar mi vínculo especial con mi hermoso Simba era perfectamente normal. Aunque se haya ido de este mundo, sigue formando parte de mi vida y seguirá conmigo, siempre será amado y nunca caerá en el olvido.*

Te prometo que si sigues los consejos, y exploras las reflexiones planteadas en cada capítulo, no te sentirás tan perdido o solo por la pérdida de tu compañero gatuno.

También, aprenderás a manejar los comentarios negativos de otras personas. Asimismo, aprenderás a tomar algunas decisiones bastante difíciles, como, por ejemplo, cómo cuidar el cuerpo de tu peludo. Además, te enseñaré nuevas y saludables formas de hacer el duelo, y también cómo será tu "nueva normalidad". Finalmente, este libro te ayudará a superar el duelo de una manera compasiva, respetuosa y saludable, mientras continúas recordando a tu fiel amigo.

Por último, entiendo lo difícil que puede ser superar la pérdida de un animal de compañía. Por desgracia, me ha ocurrido varias veces. Puedo asegurarte que no hace falta superar esta difícil etapa sin ningún apoyo. Aislarse y reprimir el dolor y la tristeza no es la solución.

# Introducción al duelo por la pérdida de un animal de compañía

A mi juicio, nuestro gato es otro miembro de mi familia, pero, la mayoría de las personas los consideran una simple mascota. No importa lo que digan los demás, los adoramos porque: nos dan todo su amor y cariño, nunca nos juzgan, nunca nos regañan y por su lealtad. Se quedan con nosotros en las buenas y en las malas, y siempre están felices al vernos. A cambio solo queremos que sepan cuánto los queremos.

Un gato puede parecerse a un niño, el cual depende completamente de nosotros. Los adoramos y a cambio nos adoran. La única diferencia que tienen con un niño, es que nunca se irán de la casa. En estas relaciones especiales, tenemos un profundo apego y responsabilidad de cuidarlos.

En la actualidad, es natural y comprensible que muchas personas prefieran expresar sus sentimientos más íntimos a su querido compañero felino. Nunca faltará el amor y la confianza entre las personas y sus gatos, excepto cuando ocurra su muerte.

El duelo por la pérdida de un animal de compañía, es completamente diferente al duelo por la pérdida de una persona muy cercana. Algunas personas experimentan más dolor por su adorado compañero, que por un pariente cercano o un amigo, o incluso a veces por su cónyuge.

Por esta razón, el impacto inicial de la pérdida puede ser profundo. Al principio de este hecho tan trágico, el mundo parece desconocido y extraño, incluso surrealista. Además, es común sentir una variedad de emociones. Es normal sentir soledad, ansiedad, o hasta estar en depresión. Puede que no sepas qué hacer en este momento.

Muchos de mis clientes que han perdido a un animal de compañía, me preguntan si su profunda tristeza desaparecerá con el tiempo. La respuesta a esa pregunta es tanto sí como no. Tu mente subconsciente, con el tiempo, absorberá la tristeza, pero nunca desaparecerá por completo. Tu vida crecerá gradualmente. El duelo siempre estará presente, y en ocasiones serás consciente de ello, mientras que en otras apenas lo notarás, pero siempre formará parte de tu vida.

Mi principal objetivo al escribir este libro es ayudarte a descubrir que no estás solo, y que podrás atravesar este momento tan duro con compasión, ternura y amor.

Te animo a que consideres este libro como un compañero compasivo que te guiará a través de este momento tan difícil. Para ello, primero vamos a ver qué es el duelo normal y cómo puedes empezar a afrontarlo.

**Duelo normal**

Si te sientes desesperanzado porque no sabes con quién puedes hablar sobre tu dolor y tristeza, o dónde o a quién acudir para pedir ayuda, estás experimentando un duelo normal. Además, si sientes ira por la muerte de tu compañero felino, o si te sientes culpable, triste, o incluso conmocionado, también estás experimentando un duelo normal. Este capítulo te ayudará a afrontar este proceso incómodo, pero habitual.

Las estrategias de afrontamiento que se presentan en este libro te ayudarán a procesar esos sentimientos para que puedas apreciar la vida que tuviste con tu peludo.

Una vez que comprendas qué es un duelo normal y qué puedes esperar a lo largo del tiempo, podrás afrontar la pérdida de tu animal de compañía de la mejor manera.

### Análisis de un caso real - *Ana y Stella*

Ana estaba destrozada porque su amado gato persa tuvo que ser sacrificado. Cuando hablé con ella por primera vez, habían pasado seis semanas desde que Stella murió, Ana estaba empezando a sentirse desesperanzada. Era muy habladora, pero muchas veces, se le olvidaba lo que quería decir y era muy inquieta. Siempre estaba con su teléfono y se veía cansada. Me dijo que no había comido ni dormido mucho. También estaba empezando a alejarse de sus amigos y su familia. Me dijo que se sentía aislada y que nadie entendía su sufrimiento, le decían que "simplemente era un gato, siempre puedes adoptar otro".

Durante nuestras primeras sesiones, Ana estaba tan angustiada por la pérdida de Stella, que le resultaba muy difícil explicar lo que había sucedido y cómo se sentía. Le costaba expresar sus sentimientos en palabras, y esto la estaba frustrando. Luego, de vez en cuando, se quedaba completamente en silencio porque no estaba segura de cómo se sentía.

Ana estaba experimentando una reacción normal a la muerte de su gato persa. Estaba sufriendo mucho por su dolor, y estaba pasando por un momento muy incómodo y estresante, pero era necesario y, de hecho, saludable. Aunque pueda parecer extraño, pero así es como el duelo sigue su camino.

Con el tiempo Ana mejoró bastante, ya que alguien la estaba escuchando sin que la estuvieran criticando o juzgando. Además, gracias a esto, pudo comprender su dolor y sobrellevarlo, lo que, a su vez, redujo sus sentimientos de ira y ansiedad.

Es importante recordar que Ana pasó por algo normal, pero, no fue fácil superarlo. Se sentía muy incómoda con sus sentimientos y con lo que estaba experimentando psicológicamente y físicamente. Todo esto es parte de la respuesta psicológica y fisiológica al duelo, aunque es algo normal, puede ser muy desagradable.

### Análisis de un caso real - *Miguel y Lily*

Tras la muerte de Lily, Miguel sufrió terriblemente. Se sentía culpable por no haber jugado más con Lily cuando estaba viva. A Lily le encantaba perseguir a su ratón de juguete, pero Miguel trabajaba desde casa y pasaba mucho tiempo frente al computador o haciendo llamadas. Lily a menudo quería jugar, pero Miguel tenía que ignorarla y continuar con su trabajo. Aunque la culpa puede generar mucho malestar, es una respuesta perfectamente normal.

Durante varias sesiones, escuché atentamente a Miguel y le dije que compartiera todo lo que estaba experimentando con sus amigos y familiares, ya que esto puede ser muy beneficioso.

Mientras que Miguel comenzó a dar sentido a la cantidad de sentimientos y sensaciones físicas que estaba experimentando, gradualmente comenzó a mejorar. Se dio cuenta de que era normal, pero puede ser muy doloroso. La culpa y el arrepentimiento son muy comunes en el duelo.

Miguel llegó a comprender que sus expectativas originales no eran realistas, lo que le dio una mejor comprensión de cómo manejar su dolor. Cuando llegó a entender que el duelo era, de hecho, una respuesta saludable a la pérdida y que demuestra la profundidad de su amor por Lily, se sintió mucho mejor.

En solo unas pocas sesiones de terapia, Miguel aprendió que el duelo por la pérdida de un animal de compañía es una experiencia difícil y desagradable, pero también es una respuesta normal y saludable a una pérdida tan íntima.

Por último, pudo comprender sus sentimientos y aceptar que sus pensamientos, sensaciones y trastornos personales son parte del proceso de duelo.

## El duelo es normal y necesario

La tristeza que sientes por la pérdida de tu animal de compañía es muy desagradable y extremadamente difícil, pero también es normal y saludable. Es importante que te permitas hacer el duelo para poder sentir todas tus emociones.

Si reprimes el dolor, pueden ocurrir muchas cosas que son perjudiciales para tu salud y felicidad. Puede afectar a tu estilo de vida de forma negativa. De hecho, reprimir las emociones puede provocar un comportamiento insalubre. Más adelante, en este mismo capítulo, analizaremos síntomas anormales del duelo.

**Formas en las que se manifiesta el duelo**

El duelo puede manifestarse: físicamente, emocionalmente, socialmente, conductualmente y espiritualmente.

**Las manifestaciones físicas del duelo** pueden ser: llanto, suspiros, dolores de cabeza, dolores de estómago, palpitaciones, trastornos del sueño, bostezos frecuentes, trastornos alimenticios, inquietud, letargo, irritabilidad, dolores y tensión muscular.

**Las manifestaciones emocionales del duelo** incluyen: añoranza, tristeza, miedo, ansiedad, desesperanza, frustración, arrepentimiento, pánico, ira o culpa. Estas emociones y muchas otras son normales tras una pérdida. Por ejemplo, puedes estar enfadado con Dios por la muerte de tu compañero felino, puedes culparte a tí mismo por la pérdida o arrepentirte de haber hecho algo (como en el caso de Miguel y Lily).

**Las manifestaciones conductuales del duelo** incluyen: pérdida de interés en comer o socializar, irritabilidad, impaciencia o enojo. Otros cambios de comportamiento que causa son: inquietud, no hacer ejercicio, comer demasiado, fumar y consumir bastante cafeína. Estos cambios pueden empeorar aún más los efectos del duelo..

**Las manifestaciones sociales de duelo** suelen ir unidos a los cambios de comportamiento, ya que el hecho de sentirse aislado y de preferir estar a solas crea dificultades para empezar una conversación con otras personas. De igual manera, si sueles disfrutar de la compañía de los demás, puede que ahora te sientas alejado del mundo, apartado de la familia, los amigos y tu comunidad.

**Las manifestaciones espirituales o religiosas del duelo** pueden ser: empezar a cuestionar tu fe o tus creencias, intentar entender el motivo de la pérdida y de tu sufrimiento y hasta conocer el significado de la muerte.

**Otros rasgos del duelo** incluyen: el olvido, la dificultad para concentrarse y el cambio constante de opinión.

Ten en cuenta que los cambios y los rasgos mencionados anteriormente son completamente normales y forman parte del proceso de duelo.

## El duelo tiene vida propia

El duelo es la reacción natural e involuntaria ante una pérdida de cualquier tipo. A menudo se define como "tristeza profunda", pero, trae consigo toda una variedad de emociones que varían en intensidad, pueden ser desde un leve malestar hasta un intenso dolor. Es posible que sean emociones muy poderosas, que nos agotan. No tenemos mucho control sobre cuándo o cómo nos golpearán. Puede que estés en una etapa en la que no sientas tanto dolor, sin embargo, algo puede hacer que resurja y vuelvas a sentir todas esas emociones de nuevo. Permite que esas emociones sigan su curso, deja que fluyan. Son necesarias.

## Síntomas anormales en el duelo

Sin embargo, si alguna vez sientes que ya no quieres seguir viviendo, o si tienes pensamientos suicidas y cualquiera de los síntomas normales del duelo se vuelven extremos. Es el momento de llamar a un médico, psicólogo u otro profesional de la salud mental para que pueda ayudarte.

# ¿Y AHORA QUÉ?

Si tienes estos pensamientos, por favor no te aísles. Busca ayuda profesional.

**Habla con otras personas si lo necesitas**

Para superar con éxito el duelo, es importante también acudir a otra persona. Miguel, por ejemplo, lo hizo buscando el apoyo de su familia y amigos y de un especialista en duelo. Encuentra a alguien que escuche cada palabra que digas con respeto y compasión, comparte tu experiencia de duelo con esa persona. Al hacerlo, te sentirás mejor, también llegarás a entender mejor tu duelo.

**No evites tus recuerdos**

Mira tus fotos, escribe sobre los momentos especiales que compartisteis juntos y piensa en el intenso amor que compartiste con tu peludo. Seguir estos pasos te ayudará a calmar tus emociones. Hablaremos sobre esto con más detalle en capítulos posteriores.

**Reconoce tus sentimientos de duelo**

A algunas personas les resulta útil conocer y reconocer los sentimientos que experimentan en el duelo. Cada persona sufre un duelo diferente, así que familiarízate con tus propias emociones. Surgirán a diario en algún momento. No te preocupes si intentas manejarlas todas a la vez.

En fin, vas a experimentar estos sentimientos muchas veces en los próximos días, meses o incluso años, así que tómate un tiempo para conocerlos y reconocerlos cuando surjan.

**Resumen del capítulo**

Para muchas personas, la pérdida de su compañero gatuno es una experiencia privada y dolorosa que les ha privado de un vínculo muy íntimo e importante. No hay un camino fácil para superar el duelo por esta pérdida tan dolorosa, pero aceptar nuestra tristeza, reconocer que nuestro compañero era irremplazable e intentar compartir nuestros sentimientos con otras personas de confianza puede ayudar bastante.

Puede que no quieras molestar a los demás con tus sentimientos, pero hablar con otras personas sobre tu dolor y compartir los recuerdos que tienes de tu compañero perdido te permite poner en palabras, a veces por primera vez, la profundidad de la muerte y te ayuda a crear vínculos con otras personas que han pasado por algo similar.

# ¿Y AHORA QUÉ?

Contar historias sobre tu peludo te permite recordar los momentos, a veces divertidos, a veces tiernos y, a veces exasperantes, que forman parte de la experiencia de vivir con estos increíbles animales. Compartir estos recuerdos con otras personas, o recordarlos en silencio, te ayuda a preservarlos.

Si el dolor y la tristeza se vuelven insoportables, duran demasiado tiempo o interfieren en tu funcionamiento diario, habla con un profesional que pueda ayudarte. Tener dificultad con tu duelo, puede mostrarte que tienes que atender pérdidas anteriores, o incluso puede derivarse de una relación complicada con tu animal de compañía, en este caso, es posible que necesites ayuda externa para poder comprender esta relación.

**Reflexiona**

Perder a tu querido amigo gatuno es una vivencia profundamente dolorosa y, me temo, que debe serlo. El dolor que experimentas te dice que lo querías, que lo echas de menos y que nunca lo olvidarás. Tu compañero siempre estuvo contigo, a tu lado, acompañándote a donde fueras, siempre feliz al estar en tu compañía. Los dos tuvisteis una relación profunda.

Aunque, los primeros días después de una muerte pueden ser insoportables, trata de comprender tu duelo y dedica tiempo a vivir simplemente en el presente, respirando profundamente y preparándote para lo que te espera. Cuando pienso en los seres queridos que he perdido, me siento extremadamente triste y solo. Siento intensamente su ausencia y sé que me falta algo muy importante en mi vida. Me resulta difícil concentrarme en otra cosa y a menudo me pregunto qué habrían querido que hiciera a continuación.

En el próximo capítulo veremos la forma en que el duelo tiende a seguir su curso, el cual puede variar en intensidad a lo largo del tiempo.

Mientras tanto, me gustaría que contestaras las siguientes preguntas:

1. ¿Qué tipo de sentimientos, relacionados con tu duelo, estás experimentando en este momento?

2. ¿Cómo estás afrontando estos sentimientos? Tal vez quieras pensar en hacer una lista y organizarla para que refleje primero los sentimientos más intensos y luego los que menos te molestan.

3. Si crees que algunos de tus sentimientos pueden ser anormales, deberías acudir a un profesional de la salud mental, un grupo de apoyo local o llamar a una de las líneas telefónicas que te puedan ayudar en caso de crisis.

# 2

# El proceso de duelo y cómo encontrar tu propio camino a través del duelo

El duelo puede ser una vivencia poderosa que, por lo general, continúa cuando crees que lo has superado. Si te sientes triste, enfadado o dolorido, debes comprender que es normal. Cada persona vive su duelo de forma diferente. Tu duelo es único, por esta razón es importante no comparar tu dolor con el de otras personas.

Asimismo, saber qué estás experimentando puede ser muy útil para manejar tu respuesta al duelo. También, es importante recalcar que no hay una forma correcta o incorrecta de afrontar la pérdida de tu peludo. Cada proceso de duelo es único.

**Lo que sabemos sobre el duelo**

Se ha estudiado durante mucho tiempo, a lo largo de los años psiquiatras y psicólogos han hablado y entrevistado a cientos de miles de personas en duelo. Tras estas entrevistas, se concluyó que la mayoría de los dolientes compartirán ciertas características.

Las primeras reacciones a la pérdida suelen ser: conmoción, incredulidad, confusión, tristeza, anhelo, añoranza, soledad, desesperación, impotencia, culpa, miedo, letargo, angustia, ansiedad, arrepentimiento y remordimiento. También se puede experimentar: trastornos del sueño, irregularidades en la alimentación, dolencias físicas, ansiedad, ira y depresión.

El duelo implica reorganizarse y adaptarse dolorosamente a un mundo sin nuestro peludo. Los primeros días suelen ser agotadores y debilitantes, pero, a medida que pasa el tiempo, la mayoría de las personas tendrán períodos de semi-normalidad interrumpidos por períodos de dolor menos frecuentes y menos intensos.

## Los altibajos del duelo

En mi opinión, es práctico pensar que el duelo sigue un comportamiento ondulatorio. Para la mayoría de las personas, al principio las olas de dolor son intensas y se abaten sobre nosotros con rapidez, sin permitirnos un descanso entre ellas. Para algunos, sin embargo, las olas son suaves al principio, llegando a un pico durante los meses siguientes, a medida que se toma consciencia de la pérdida.

Con el paso del tiempo, las olas golpean con menos fuerza y menos frecuencia. Pero, desafortunadamente, para un pequeño porcentaje de dolientes, no hay mucha variación en la intensidad de las olas. La intensidad y frecuencia de cada ola es diferente para cada persona.

Muchos sentirán que la pausa entre cada ola se hace más larga, haciéndoles creer que su situación está mejorando. Sin embargo, cuando una gran ola golpea inesperadamente, esto nos hace creer que, por un tiempo, la situación está empeorando. Siempre hay un desencadenante que provoca estas grandes olas, seamos o no conscientes de ello.

Los desencadenantes pueden ser cualquier cosa, desde pasar por una zona favorita en la que tu peludo se sentaba o jugaba, o encontrar un viejo juguete o un bebedero, una fecha especial o un anuncio de televisión de comida o productos para gatos. Algunas veces pensamos en acariciarle, pero, después nos damos cuenta que no está con nosotros. Los desencadenantes pueden ser obvios o subliminales, ya que muchas veces se producen a nivel subconsciente, aunque si puedes identificarlos, estarás mejor preparado para afrontarlo la próxima vez.

Saber que seguirá un patrón ondulatorio te ayudará a estar más preparado si se intensifica repentinamente. Si llegas a esperar estos altibajos y a saber que al principio tendrás muchos días malos, los cuales se irán reduciendo con el paso del tiempo, será menos probable que pienses que estás empeorando cada vez que tengas un momento difícil.

Con el tiempo, aprenderás a adaptarte a las emociones del duelo. Pasas de creer que nunca lo superarás, a pensar que lo odias, a entender finalmente que, aunque no lo quieras y lo sigas odiando, lo superarás.

No debes dudar de si te has adaptado a la pérdida si tienes momentos de dolor años después, puesto que es algo que ocurre cuando se ama a un animal de compañía. Es un simple recordatorio de nuestro amor por ellos, las emociones son diferentes al proceso de adaptación.

La muerte es permanente, por lo tanto, también lo es nuestro dolor, ya que es nuestra respuesta continua a la pérdida. Podemos y debemos esperar que aumente y que luego disminuya. Por lo tanto, sentir dolor años después de la muerte de tu peludo no debe hacerte dudar de si te has adaptado a tu nueva normalidad, porque sentir esto es parte del amor por tu compañero gatuno, un recordatorio de que nunca dejaste de quererlo.

### Análisis de un caso real - *Juana y Lolo*

Juana experimentó una amplia variedad de emociones tras la pérdida de su querido gato, Lolo. Vino a verme nueve meses después de su muerte. Tras unas cuantas sesiones en las que exploramos cómo se había sentido tras el *shock* inicial de perder a Lolo de forma inesperada, cómo lo había afrontado desde entonces y cómo se sentía ahora, me informó que se sentía mejor, pero que seguía sintiendo confusión y ansiedad. Porque cada vez que pensaba en tener otro gato, empezaba a llorar. Se sentía sola, anhelaba otro compañero felino, pero le preocupaba que ningún otro gato pudiera sustituir a su querido Lolo. Un compañero de trabajo le dijo que tenía que animarse, ya que había estado triste durante mucho tiempo y porque habían pasado nueve meses desde que perdió a Lolo.

*Conmoción, incredulidad y negación*

Durante nuestras sesiones, Juana llegó a comprender por qué se sentía tan traumatizada y por qué le había costado creer que Lolo había muerto. Recordó que durante los dos primeros días en que se encontró sola sin Lolo, se sintió entumecida, desconectada y con náuseas. Le parecía surrealista, como si esto no pudiera haber ocurrido. Juana revisaba constantemente la casa, creyendo que Lolo seguía allí. Estaba angustiada y negando por completo su ausencia.

*Angustia física*

Cuando conocí a Juana, se sentía muy alterada y tenía varias dolencias físicas. Se sentía fatal, le faltaba energía y le costaba concentrarse. Le dije que lo que estaba experimentando era común y que formaba parte del impacto físico del estrés generado por el duelo. Tenía momentos en los que se sentía mejor, pero, sus dolencias y el letargo siempre volvían a aparecer en unos días.

Una vez que Juana empezó a comprender los altibajos del duelo, empezó a entender sus sentimientos, los cuales forman parte de un proceso natural. También, llegó a entender que todo formaba parte de un proceso de aceptación gradual y que no tenía que afrontar todo lo que le estaba ocurriendo de una. A continuación, se calmó y sus dolores de cabeza comenzaron a desaparecer.

En pocas semanas, Juana entendió que sentirse triste y sola era perfectamente natural. No tenía que reprimir sus sentimientos, tampoco tenía que reprimir su llanto y era completamente normal expresar sus sentimientos. Se dio cuenta de que su dolor le había causado su soledad, con el tiempo fue capaz de experimentar estos sentimientos de una manera distinta. Ya no tenía miedo de pensar en Lolo y sus recuerdos empezaron a alegrarla, en lugar de entristecerla.

*Adaptarse a la vida después de la pérdida*

Una vez que Juana empezó a entender que el duelo sigue su curso, que un gran amor y un gran afecto causan un gran dolor, pero que, con el tiempo, nos ajustamos, empezó a vivir su vida de forma diferente. Empezó a sentirse más feliz, más esperanzada, e incluso empezó a pensar en la posibilidad de adoptar a otro gato.

*Encontrando su nueva normalidad*

A medida que Juana se adaptaba a los cambios en su vida y a aceptar la pérdida de su querido compañero, empezó a preocuparse menos de lo que pensaban los demás sobre su dolor. Empezó a buscar otro gato. Sabía que al tener otro gato no le estaba faltando el respeto a Lolo y que él ocuparía un lugar especial en su corazón. Finalmente, 15 meses tras la muerte de Lolo, Juana adoptó otro gato.

*Volviendo a encontrar la esperanza*

Con el tiempo, Juana empezó a aprender a vivir con su dolor y a desarrollar una actitud más positiva. Aceptó la muerte de su querido amigo, encontró su nueva normalidad y empezó a compartir su vida con un nuevo compañero. Ahora podía vivir cada día con alegría, esperanza y el deseo de pasar los mejores momentos posibles con su nuevo peludo. Este fue el momento en el que fue más consciente de su duelo y aceptó que adoptaría diferentes formas. Finalmente, confiaba en que podría proporcionar a su nuevo amigo todo lo que necesitara.

¿Se olvidó Juana de Lolo tras adoptar otro gato? No. Reconoció que la muerte es algo inevitable, pero también reconoció que forma parte de la vida y que hay que seguir adelante.

## Resumen del capítulo

En los primeros días después de que haya ocurrido una muerte, se ha establecido que la reacción más común es de conmoción, y luego de incredulidad/negación. Esto es debido a que nuestra mente consciente toma consciencia de lo que acaba de suceder y porque nuestro subconsciente interviene para protegernos. Desencadenando nuestra respuesta de incredulidad porque nuestro subconsciente es incapaz de tomar consciencia de la muerte.

Es muy común sentirse insensible por un tiempo, como si estuvieras funcionando con el piloto automático, un fenómeno conocido como "disociación", la sensación de no estar realmente presente, de estar separado del mundo que te rodea. Es posible que te cueste conciliar el sueño o que descubras que estás durmiendo mucho más de lo habitual.

Esta es la respuesta al estrés, una reacción natural al impacto de la pérdida, la que causa gran parte del malestar mental, emocional y físico, debido a la producción de la hormona del estrés, el cortisol. Esta es la razón por la que muchas personas en duelo sufren depresión, ansiedad, ira, problemas de apetito, problemas de sueño, dolores físicos y enfermedades.

Los seres humanos hemos evolucionado para establecer vínculos con los demás, tanto con los animales como con los humanos. Por eso, nuestro subconsciente quiere saber dónde se ubican nuestros seres queridos, para poder encontrarlos cuando queramos. Para ello, el cerebro crea mapas virtuales, que están conectados entre sí. Parte de la dificultad del duelo, y una fuente importante de estrés, es tener que reescribir este mapa cuando la mente consciente nos dice que ya no están presentes en el mundo físico.

Nuestra mente consciente sabe que ya no están con nosotros, pero nuestra mente subconsciente necesita tiempo para reescribir su mapa y por eso, subconscientemente, seguimos creyendo que están aquí, que podemos encontrarlos y que van a volver a aparecer en cualquier momento. El cartógrafo de nuestro cerebro tiene que actualizar nuestros mapas virtuales, volviendo a dibujarlos para que se adapten a nuestras vidas cambiadas. Pueden pasar semanas, meses y a veces años para que este proceso termine y aprendamos a orientarnos de nuevo. Mientras tanto, experimentamos un estrés extremo mientras esperamos que la mente subconsciente se actualice.

A medida que nos adaptamos a nuestra pérdida y nuestro subconsciente empieza a ponerse al día con nuestra mente consciente, nuestro mundo empieza a crecer alrededor de nuestra pérdida.

En pocas palabras, no superamos una pérdida, sino que aprendemos a vivir con ella mientras nuestra vida crece a su alrededor. La gente espera que el duelo se reduzca en tamaño e intensidad con el paso del tiempo, mientras que, en realidad, su impacto y nuestro apego a nuestros compañeros sigue siendo el mismo. No disminuye, sino que nuestra vida crece en torno a él con el tiempo.

Para visualizarlo mejor, imagina que dibujas un círculo para representar tu vida y todo lo que estás experimentando en este momento. Ahora sombrea el área dentro de ese círculo que representa tu duelo. El resultado es un círculo casi completamente sombreado. Este eres tú y tu duelo, es muy posible que el dolor esté consumiendo completamente tu vida. Pero en los días, meses y años siguientes, el área sombreada, no se reduce. Es el círculo exterior (que te representa a ti) el que crece. El resultado es un círculo blanco más grande con un círculo sombreado en su interior que ahora parece más pequeño pero que en realidad no ha cambiado de tamaño.

Aunque tu duelo seguirá siendo prácticamente el mismo, tu vida empezará a crecer a su alrededor, a medida que tengas nuevas experiencias y empieces a encontrar de nuevo momentos de placer. Poco a poco, estos momentos pueden ser más frecuentes, y el círculo exterior seguirá creciendo un poco más cada vez. El duelo no desaparece, y probablemente siempre estará ahí, incluso creciendo un poco más en los momentos difíciles, pero ya no domina tu vida como antes. Con el tiempo, creces en torno al duelo.

**Reflexiona**

Recuerda que no estás solo. Hay otras personas que están experimentando lo mismo que tú. En el próximo capítulo, te mostraré los mitos que existen sobre el duelo por la pérdida de un animal de compañía. Finalmente, te contaré cuál es la verdad sobre estos mitos para que no dificulten tu proceso de superación.

Mientras tanto, me gustaría que contestaras las siguientes preguntas:

1. ¿Cómo ha cambiado tu dolor con el tiempo? ¿Qué síntomas físicos has experimentado? ¿Han disminuido con el tiempo?

2. ¿Qué has aprendido sobre tu propio proceso de duelo con el tiempo? ¿Cómo te sientes al saber que tu duelo no tiene que disminuir, ya que tu vida crecerá a su alrededor?

3. Mis clientes han descubierto que al comprender lo que se ha explicado en este capítulo desde el principio, están preparados para afrontar el futuro. ¿Crees que al tener esta información ahora te ayudará a prepararte para el futuro?

# 3

## Mitos sobre el duelo y el luto

Ahora que sabes qué es el duelo normal y sabes qué son los altibajos del duelo. Vamos a ver algunos mitos sobre este proceso.

Tras la pérdida de su compañero felino, a Lucía le resultó difícil afrontar el duelo por su muerte.

### Análisis de un caso real - *Lucía y Fluffy*

Mi clienta, Lucía, me contó en nuestra segunda llamada cómo le sorprendió la siguiente pregunta de su compañero de trabajo: "¿Cómo puedes seguir estando triste por haber perdido a tu gato? Son criaturas muy independientes y no se preocupan por las personas. Fluffy no te esperaba en la puerta todos los días cuando llegabas a casa del trabajo. Ahora puedes conseguir un gato mejor, y puedo ayudarte a elegir uno, si quieres". Como es lógico, Lucía se sintió conmocionada por esta valoración tan insensible y brutal de su duelo. Empezó a dudar de sus sentimientos y a preguntarse si su compañero de trabajo tenía razón, incluso empezó a cuestionar si su dolor y su angustia eran auténticos. Mientras me explicaba esto, se echó a reír. Después de reírse durante un minuto, se sintió avergonzada por haberse reído de algo tan doloroso y serio, entonces empezó a llorar. Después de calmarse, me dijo que cuando pensaba en esa conversación, sentía una profunda tristeza, que alguien pudiera ser tan desconsiderado con su dolor y con la muerte de un ser tan maravilloso, afectuoso y sensible como Fluffy. Aunque, a veces se reía por como sus amigos trataban el fallecimiento de Fluffy, ya que lo veían como un simple animal. Pero, al reírse se sentía confundida. Sentía que no estaba respetando su muerte. Sin embargo, aquí se puede ver claramente un mito del duelo; no es cierto que la tristeza sea la única emoción se siente tras una pérdida. Francamente, vas a sentir una amplia variedad de emociones. La risa es una de ellas.

Después de un par de sesiones, Lucía aprendió a sentir emociones como la risa, y a aceptar que son completamente normales en el proceso de duelo. Además, empezó a tomar consciencia de lo peligroso que puede ser reprimir sus sentimientos. Comenzó a sentir tristeza, reír y llorar de una forma saludable, sabiendo que eran reacciones normales. Aprender esto fue un alivio para Lucía. Es un error pensar que no pueden haber expresiones de alegría o humor durante el luto. Lucía comenzó a sentirse mucho más segura y llegó a ver que todos procesamos una pérdida de manera distinta. Estos mitos pueden dificultar el progreso de una persona. Por esta razón, es de suma importancia analizarlos y desmentirlos.

**Mitos del duelo**

**Mito #1:** *Para qué llorar la muerte de un animal cuando nuestro mundo está tan lleno de sufrimiento humano.*

**Verdad: Puedes llorar la muerte de ambos.**

Amas los animales. Esto es evidente porque tu peludo era importante para ti. Creaste un vínculo emocional profundo. La pérdida de tu animal de compañía te ha generado una gran cantidad de dolor y angustia. Es importante recalcar que puedes estar triste tanto por los animales como por las personas. Estar triste por uno no excluye estar triste por el otro. Amamos a nuestra familia, a nuestros amigos y a nuestros peludos. Podemos llorar la pérdida de cualquiera. De hecho, al llorar y lamentar la muerte de tu animal de compañía, estas mostrando compasión por tus seres queridos. Tienes una gran cualidad personal. Al darte cuenta de que tu corazón es capaz de tanto amor, te dará una capacidad increíble para amar de nuevo, tanto a los animales como a los seres humanos.

**Mito #2:** *Para superar el duelo, hay que pasar por una serie de etapas.*

**Verdad: No hay que pasar por una serie de etapas preestablecidas para superarlo.**

El duelo no sigue una serie de etapas preestablecidas. Incluso las personas que idearon las distintas teorías sobre las etapas o fases afirman que se pueden experimentar todas, algunas o ninguna de estas etapas. Solo son generalizaciones sobre cómo tiende a manifestarse. Estar afligido es una reacción natural a la pérdida. Por esta razón, no hay una manera correcta o incorrecta de pasar por este proceso.

Simplemente te adaptas con el tiempo. Pero hay muchas maneras de mejorar nuestra situación y adaptarnos al dolor, de las que hablaremos en un capítulo posterior.

**Mito #3:** *Hay maneras correctas e incorrectas de afligirse.*

**Verdad: No existen formas "correctas" o "incorrectas" de afligirse.**

Cada persona se aflige de una forma distinta. Tu vínculo con tu peludo era único y muy especial. Es lógico que tu luto también sea único y especial. Cada persona tiene un vínculo distinto con su animal de compañía, por lo tanto, cada persona sufre de una manera distinta. Una persona puede sentir una profunda tristeza, mientras que otra puede experimentar un enojo intenso por lo ocurrido. Tu proceso de duelo es único y personal, no intentes cambiarlo ni seguir el ejemplo de nadie. Cómo te afliges dependerá de: tu personalidad, la personalidad de tu gato, cómo ocurrió la muerte, o en algunos caso, la desaparición, y de cómo afrontas situaciones similares.

**Mito #4:** *Es mejor afrontar el duelo solo, especialmente porque no se ha perdido a un humano.*

**Verdad: Cuando estamos en duelo, necesitamos apoyo, consuelo y cariño.**

Por lo general, preferimos no angustiar a los demás innecesariamente. Muchas veces nos dicen que es mejor no expresar nuestra tristeza. Todos intentamos poner una cara feliz ante cualquier situación. Pero, somos un animal social, por esta razón buscamos consuelo y apoyo. Reprimir nuestras emociones puede tener consecuencias a largo plazo. Es importante hablar con personas que puedan apoyarnos, sin que nos juzguen. Estamos predispuestos a buscar apoyo, mientras que si nos juzgan (que en realidad es una crítica), pueden dañar nuestra autoestima. Es importante que sepas que nadie debería juzgarte por llorar la muerte de tu peludo. Cuando ocurre una pérdida, es un momento en el cual el apoyo y el consuelo son vitales. Es importante que elijas con cuidado a las personas con las que buscas apoyo, ya que algunas no entienden ni se toman en serio la muerte de un animal de compañía. Busca un grupo de apoyo, un amigo o un familiar que sea compasivo al escucharte compartir tu dolor. Necesitas personas que no te juzguen o critiquen por algo tan importante.

**Mito #5:** *Tengo que ser "fuerte" para poder superar una muerte.*

**Verdad: En el duelo, no existe el concepto de "ser fuerte" o "ser débil". Lo mejor que puedes hacer es expresar tus emociones y llorar cuando sientes la necesidad.**

Se nos enseña que para parecer fuertes e independientes, no debemos expresar nuestros sentimientos. Nuestra sociedad generalmente piensa que las personas que expresan sus emociones son débiles, especialmente si se trata de la pérdida de un animal. Sin embargo, llorar es perfectamente normal y no es una señal de debilidad. De hecho, hace falta mucha fuerza para aceptar y afrontar las emociones generadas por el duelo. Siente las emociones, las sensaciones físicas y los desafíos espirituales que estás experimentando. Te sientes así porque ha sucedido algo trágico, no hay necesidad de que cargues esta responsabilidad. Expresar tus emociones puede ayudarte enormemente. Al expresarlas, ayudas a desmentir el mito de que el duelo por la pérdida de un animal de compañía no es algo serio. Porque cuando expresas tu dolor, estás mostrando tu amor.

**Mito #6:** *El duelo simplemente desaparecerá con el tiempo.*

**Verdad: Mantenemos una conexión con todos los que hemos perdido durante el resto de nuestra vida.**

Podemos y generalmente mantenemos un vínculo continuo con cualquier persona o animal que amamos. Conservamos nuestros recuerdos, y esos recuerdos nutren nuestro propio ser. Nuestros peludos pasan a formar parte de nuestra vida. Son parte de nuestra propia historia personal. No podemos, en realidad, separarnos de ellos. Han dejado una huella imborrable en nuestra trayectoria vital.

Algunas personas tienen momentos extraordinarios en los que sienten una conexión profunda, como un sueño o un momento en el que sienten su presencia. Estos momentos pueden ser difíciles de describir, pero nos acordamos de ellos. Podemos sentir otros lazos en nuestras creencias espirituales. Algunos creen que existe el más allá. Otros creen que algún día, en alguna vida futura, nuestros espíritus se volverán a conectar de alguna manera.

Nunca perderás por completo el vínculo con tu peludo. Permanecen con nosotros, en nuestros corazones. De hecho, un aspecto importante del duelo es decidir cómo seguir con estos recuerdos y sentimientos de manera que te permitan seguir adelante.

Siempre tendrás estos recuerdos, pero tus sentimientos de tristeza cambiarán con el tiempo, llegará un momento en el que te sentirás feliz nuevamente. No intentes acelerar tu proceso de duelo. Toma tiempo. La paciencia y no juzgarse a sí mismo son cruciales para recuperarse de una pérdida desgarradora. El objetivo no es superarlo del todo. Nunca dejaremos de llorar su muerte, pero aprenderemos a superar la dolorosa experiencia recordando los buenos momentos juntos.

**Mito #7:** *Nadie entiende por qué estoy haciendo luto por mi animal de compañía, estoy solo en este momento tan difícil.*

**Verdad: No tienes que estar solo durante este momento, hay personas que te pueden apoyar.**

Puede que a veces te sientas solo tras haber perdido la compañía de tu gato. Puedes sentir que los demás no entienden lo que te está pasando. Hay personas (incluso amantes de los gatos) que dicen: "Hay tantos gatos que necesitan un hogar. Esta tragedia es una lástima, pero no es la primera vez que ocurre". Pero recuerda que no estás solo en tu dolor. Al principio puede ser difícil encontrar a una persona que te apoye. Hay muchos grupos de apoyo que pueden acompañarte en las distintas etapas de tu vida, incluso cuando atraviesas un momento tan difícil como este. Hablaremos sobre esto con más detalle en un capítulo posterior.

**Mito #8:** *El duelo por la pérdida de un animal de compañía desaparecerá con el tiempo.*

**Verdad: No hay un final definitivo para este proceso.**

He recibido muchas llamadas y muchos correos electrónicos de clientes poco después de la muerte de su gato, incluso de clientes muchos años después de que ocurriera. Suelen sentir una enorme tristeza, lo único que quieren es que desaparezca. Puede ser difícil superar el duelo. Pero, se necesita tiempo. Suele durar más de lo que esperamos. Para que el proceso de duelo sea eficaz, debes ser activo y comprometido. Dejar que tus emociones fluyan es muy importante para tu bienestar. Si crees que estos sentimientos desaparecerán si los ignoras, estás equivocado. Reprimir los sentimientos solo generará problemas más adelante.

Aunque, el duelo cambiará con el tiempo, puede tardar más de lo anticipado. Suele sorprenderte cuando menos lo esperas. Es mejor reconocerlo, procesarlo y sentirlo activamente, antes que reprimirlo y esperar que desaparezca.

**Mito #9. *Cuando supere el duelo, no volverá.***

**Verdad: Aunque es un proceso que puede tomar su tiempo, es importante recordar que puede surgir de nuevo.**

Es normal que un profundo sentimiento de dolor resurja de vez en cuando, incluso años después de la muerte. El dolor nunca desaparece del todo. Algunos de mis clientes me dicen que se alegran cuando su dolor resurge después de unos meses o varios años, porque les da la oportunidad de decirles a sus animales de compañía "te quiero" y "no te he olvidado". Si has perdido a tu compañero recientemente o si estás empezando a aceptar tus sentimientos por su muerte, ten en cuenta que lo más probable es que te sientas de forma diferente en distintos momentos del proceso de duelo.

**Mito #10. *No debería si siento alivio por la muerte de mi compañero gatuno.***

**Verdad: Fue por su bien. Seguramente tu peludo no hubiera querido seguir sufriendo.**

Si tu gato estaba sufriendo, es posible que hayas sentido alivio una vez que haya fallecido. Si ha llegado al final de su vida, seguramente no querrá seguir sufriendo. Prolongar el dolor y el sufrimiento para retenerlo un poco más sería injusto. Con razón, muchas personas sienten una gran tristeza y dolor cuando su vida termina. Puede ser muy agotador, tanto físicamente como emocionalmente. La angustia puede causar desesperación e impotencia. Te sientes aliviado de que su sufrimiento haya concluido. Eso es una expresión de amor puro, no algo de lo que avergonzarse.

## Resumen del capítulo

Existen algunos mitos sobre la pérdida de un animal de compañía que dificultan el proceso de duelo. La mejor forma de no caer en estos mitos es ser consciente de ellos, desmentirlos y luego sustituirlos por algo positivo. Recuerda siempre que puedes buscar apoyo si lo necesitas. Hay otras personas que están pasando por lo mismo que tú. Encuentra algún grupo de apoyo si lo necesitas. Más adelante, veremos y nos prepararemos para los comentarios insensibles que otras personas te harán, y cómo estos comentarios pueden afectar tu duelo de forma inesperada.

**Reflexiona**

1. ¿Crees o has creído previamente en alguno de los mitos expuestos en este capítulo?

2. Ahora que has leído sobre estos mitos, intenta pensar en otros. ¿Puedes desmentirlos y sacar algo positivo de ellos?

3. Observa con qué mitos te identificas más. Escríbelos y luego vuelve a escribir la verdad. Coloca lo que has escrito en un lugar donde lo puedas ver cada día, así te recordarás cual es la verdad.

# 4

# ¿Cómo manejar los comentarios negativos?

Cuando un familiar, un amigo, un compañero de trabajo, o incluso un desconocido intenta tranquilizarte con un comentario como: "No puedo creer que sigas hablando de tu gato. Es hora de seguir adelante, ¿no crees?", puedes sorprenderte y ofenderte.

Muchas veces este tipo de comentarios nos cogen por sorpresa. ¿Cuántas veces se le ha dicho a alguien que ha perdido a un animal de compañía que no debería estar tan afligido por su muerte, porque "solamente era un animal"? ¿Qué saben estas personas sobre la relación que compartiste con tu peludo? ¿Cómo se atreven a ser tan insensibles y a juzgar? Parece que no entienden lo doloroso que puede ser perder a un compañero tan íntimo. También, duele aún más durante el duelo, ya que estamos en una situación vulnerable.

Por otro lado, algunas personas bienintencionadas intentan animarnos. Pero, no se dan cuenta de que tenemos que pasar por este periodo de duelo y luto. Tenemos que aprender a ser pacientes con ellos y con su completa ignorancia sobre lo que nos está sucediendo.

Sobre todo, no dejes que este tipo de comentarios te hagan dudar de tus propios sentimientos. Lo que sientes es normal y real. No dejes que otras personas te impongan sus propias expectativas. Quieren ayudarte, así que intentan hacerlo dándote sugerencias o haciendo ciertos comentarios. Sin embargo, sus declaraciones sobre la muerte de tu querido compañero no son correctas y pueden provocar una respuesta inesperada. Es importante estar preparado para este tipo de comentarios.

Cuando la gente hace comentarios involuntariamente insolidarios, sin querer, activan tu dolor. Pueden provocar un cambio repentino en tu estado de ánimo, que no puedes explicar. Además, es posible que no sepas cómo proceder en estas situaciones.

En nuestra sociedad, la muerte se considera un tabú. Aunque, como seres mortales, cuanto más aceptemos la muerte y permitamos que nuestro duelo se desarrolle en un entorno seguro, más sano será el proceso de superación.

Por último, recuerda que es normal que te sientas confundido y que reacciones con firmeza a las declaraciones insolidarias que hacen las personas. Sin embargo, es importante que no creas ni interiorices estos comentarios.

### Análisis de un caso real - *Pedro y Poly*

Pedro, quien perdió a su gato Poly, me contó durante una de nuestras sesiones, que tras contarle esto a su mejor amigo, de repente estaba muy ocupado, y por esta razón no podía reunirse para tomar una copa y charlar. Pedro estaba muy conmocionado por esto, porque sabía que su mejor amigo no quería hablar con él, pero, no entendía por qué. Pedro me dijo: "Mi gato acaba de morir, estaba pasando por un momento muy difícil y parece que a mi mejor amigo le da igual, ni siquiera quiere reunirse conmigo".

Lo peor fue que Pedro se había enterado que su amigo no podía entender por qué él estaba tan triste por un gato o por qué quería hablar sobre sus sentimientos con los demás.

Algunas personas temen la muerte y no quieren estar cerca de alguien que acaba de sufrir una pérdida, mientras que otras simplemente no saben qué decirles a los dolientes y no pueden entender que una persona se sienta afligida por la muerte de un animal. Por estas razones, se mantienen alejados.

No sabemos qué hacer si conocemos a alguien que ha experimentado una muerte. Cuando Pedro se dio cuenta de las opiniones de su mejor amigo y de los demás, pudo prepararse para lo que posiblemente le iban a decir.

**Cómo reaccionar ante los comentarios negativos**

En primer lugar, por favor no juzgues a todas las personas que hagan comentarios negativos. Hay muchas personas con buenas intenciones que no tienen la intención de herirte, simplemente no saben qué decir. Podemos sentirnos ofendidos o enfadarnos con la persona que lo haya hecho y, de vez en cuando, puede que no queramos volver a ver a esa persona. Cuando estamos en duelo, tendemos a tomar medidas drásticas de las que podemos arrepentirnos más tarde.

Algunas personas pueden ver a los animales de compañía como meras posesiones, juguetes, o incluso como pérdidas de tiempo y gastos adicionales, (siempre me siento mal por estas personas, ya que se están perdiendo una relación emocional increíblemente enriquecedora). O puede que se sientan amenazados por la irreversibilidad de la muerte, a la que no quieren enfrentarse (también me siento mal por estas personas, ya que viven sus vidas en negación, sin embargo, los amantes de los animales tenemos que afrontar y aprender a vivir con la muerte como parte de la vida). Asimismo, la intensidad de tus sentimientos, la profundidad del amor y el afecto que evidentemente sentías por tu compañero, puede resultarles intimidante

Además, durante un duelo intenso, es fácil que nos desesperemos y reaccionemos de forma exagerada cuando esperábamos el apoyo de alguien, pero no quiere brindarlo.

También hay personas que parecen no reaccionar a nuestra situación. Su silencio puede malinterpretarse fácilmente como una crítica tácita a nuestra reacción ante la muerte.

Frecuentemente, estas personas hacen esto porque simplemente no saben qué decir ni cómo reaccionar. La muerte es un concepto aterrador. Pueden ser incapaces de hablar de ella sin sentirse amenazados. Si les quieres y respetas, entonces, a pesar de tu propio corazón roto, y de tu necesidad de apoyo, no les presiones para que respondan. Solo son humanos. En este momento, tu necesidad de apoyo puede ser inmensa, pero, a pesar de ello, debes mantener unas expectativas razonables con los demás, ya que algunos simplemente no saben qué hacer o qué decir.

**Tres formas de reaccionar ante los comentarios negativos e insolidarios**

Hay tres maneras de reaccionar ante un comentario negativo e insolidario. La primera es reprochar a la persona que lo hizo. La segunda es que te pille desprevenido y no sepas qué decir, lo cual puede dar la impresión que estás de acuerdo con lo que se ha dicho. La tercera, la más eficaz, es estar preparado. Puedes mirarle a los ojos a la persona que haya opinado sobre tu situación y decirle algo similar a: "Tú no tienes un animal de compañía y, por tanto, no puedes entender el amor y cariño que había en nuestra relación. ¿Cómo puedes juzgar mi dolor? Tus palabras me hieren y ofenden. Si tienes algún respeto por mí, por favor, sé más tolerante cuando se trata de sentimientos tan profundos y personales".

Por lo general, esa persona comprenderá tu sufrimiento. Estar preparado te ayudará a manejar estos comentarios de la forma más eficaz. Reaccionando así, es la manera más óptima de manejarlos, además, te permite estar en control de la situación.

### *Comentarios negativos e hirientes*

1. *Es solo un gato. . . Siempre puedes conseguir otro.*

Tu relación con tu peludo fue única. Era literalmente, insustituible. Simplemente agradece su atención y reconoce que podrías tener otro gato si quisieras. Lleva tiempo, y puede ser agotador intentar explicarles por qué vuestra relación fue tan especial. Tu única responsabilidad al estar en duelo es no agotarte. Por lo tanto, no pierdas más tiempo en conversaciones triviales como estas.

2. *Lamento mucho tu pérdida.*

Saber que has perdido a tu compañero gatuno es una vivencia desgarradora. La forma de reaccionar ante la respuesta de "lo siento" no es dar las gracias, sino simplemente sonreír o asentir con la cabeza y guardar silencio sobre el asunto. Si insisten en seguir hablando, te excusas cortésmente, ya que tienes otras cosas que hacer.

3. *¿Todavía estás de duelo?*

La gente cree que el duelo tiene una duración fija, y pueden pensar que llevas demasiado tiempo en este proceso. Pero, recuerda que no desaparece de un día a otro y tampoco tiene una duración fija. Haz el duelo durante el tiempo que necesites para procesar tu pérdida. Esta pregunta te ayuda a identificar quiénes son las personas que verdaderamente te quieren apoyar. Si alguien te hace esta pregunta, puedes simplemente afirmar amablemente: "Sí", y luego marcharte. Es mucho mejor no perder el tiempo con estas personas

4. *Déjame contarte lo que hice después de que muriera mi gato...*

Escuchar los consejos de otra persona puede ayudar, pero también pueden empeorar tu ansiedad, culpa, desesperanza o, hasta te pueden agotar.

Tal vez quieras responder de la siguiente manera o con algo similar: "Agradezco tu preocupación, pero necesito un tiempo para procesar lo que estoy sintiendo en este momento".

Al final de este capítulo hay tres preguntas que te servirán de guía para que sepas cómo reaccionar ante este tipo de comentarios.

**Los beneficios de buscar apoyo y ayuda**

En este momento tan difícil, puede ser complicado mantener la calma y no reaccionar ante los comentarios insensibles. Es útil entender que el caos emocional que estás experimentando es una respuesta normal al duelo. Lo puedes superar con más facilidad si expresas tu dolor a personas comprensivas. Los amigos y los grupos de apoyo son el mejor remedio en estos momentos.

Recuerda que todo el dolor y la tristeza que estás sintiendo ahora demuestra la cantidad de amor que tenías por tu peludo, y también muestra lo especial que era vuestro vínculo. Es importante elegir a las personas más adecuadas para que te apoyen durante este momento tan difícil. Las personas que realmente se preocupan por ti y te escuchan sin juzgarte son las mejores opciones. Por esta razón, no es necesario sufrir en silencio.

## Gente verdaderamente mala

Por desgracia, también hay personas que simplemente son crueles. Basta con leer las noticias para ver reportajes sobre el horror y la maldad que ocurre en este mundo. Existen personas verdaderamente malas. Es posible que ya hayas conocido a algunas de ellas, encuentran placer en tratar de infligirte más dolor. Se aprovechan de las víctimas más vulnerables que pueden encontrar. Una respuesta airada a estos inadaptados sociales es bien merecida. Pero dedicar demasiado tiempo a este tipo de personas es una pérdida de energía. Prosperan con las respuestas emocionales que provocan en los demás. Tienes cosas más importantes que hacer. Desprecia a estas personas y aléjate de ellas.

## Resumen del capítulo

En este capítulo, hemos hablado sobre los comentarios que la gente suele hacer cuando estás afrontando la pérdida de tu compañero felino. La mejor forma de reaccionar ante ellos es saber que te los van a hacer, comprender cómo te sientes y preparar tu reacción en función de cómo te sientas. Además, busca activamente a una, dos o más personas que estén dispuestas a apoyarte y escucharte.

**Reflexiona**

Considera las alternativas. ¿Cómo puedes reaccionar de una manera más eficaz ante los comentarios insensibles?

1. ¿Qué comentarios que se han mencionado en este capítulo has escuchado? ¿Te han hecho algún comentario hiriente y/o ofensivo? Si es así, escríbelos.

2. ¿Cómo has respondido a las declaraciones que has escrito anteriormente?

3. Enumera los nombres de las personas con las que te sientes cómodo y seguro para buscar apoyo. ¿Buscas el apoyo de estas personas a diario, semanalmente o mensualmente?

# 5

# ¿Qué esperar después de la muerte de mi animal de compañía?

Tras la pérdida de tu peludo, es importante que te tomes el tiempo necesario para llorar su muerte y entender lo que puedes esperar durante este proceso de adaptación, para así poder, finalmente, superar el duelo. Hay que tomar decisiones importantes sobre si se va a hacer un entierro o una incineración, y cuándo, o si quieres, tener otro gato. También tendrás que tener en cuenta tu propia salud mientras ocurren estos cambios en tu vida.

La sociedad tiene muchas exigencias sobre cómo debemos expresar nuestros sentimientos, muchas veces esto nos agota y nos estresa. Nos dicen que no debemos pensar en el pasado, y nos instan, en cambio, a seguir adelante y a superar nuestro duelo lo antes posible. Las normas sociales nos exigen que mantengamos nuestro ritmo de vida normal, pero se les olvida que el duelo es un proceso largo, el cual necesita tiempo.

Cuando pierdes a tu compañero y te sientes profundamente triste, no puedes acelerar el proceso de superación. El duelo es un proceso normal y natural, el cual dura su tiempo. Pero la sociedad huye de él, debido a esto, prefiere que aceleremos el proceso de sanación. Se espera que superemos nuestros sentimientos lo más rápido posible y volvamos a nuestra vida normal, incluyendo volver al trabajo rápidamente. Hay muchas otras expectativas que pueden ser difíciles de cumplir cuando estamos afligidos.

**Análisis de un caso real -** *Valeria y Nico*

El gato de Valeria, Nico, un día simplemente desapareció y nunca se encontró. Ella lo buscó durante semanas, colocó carteles sobre su desaparición y puso anuncios en su periodo local sobre este hecho. Incluso ofreció una recompensa por si alguien lo encontrara, pero nunca regresó. La pena y tristeza que sintió Valeria fueron desgarradores y traumáticos. Cuando hablé con ella por primera vez, estaba bastante enojada y se sentía culpable por lo que le pasó a Nico. No sabía qué hacer para mejorar su profunda tristeza y arrepentimiento.

Era propietaria de una empresa de diseño web y, aunque podía trabajar desde casa, necesitaba estar con el computador muchas horas cada día. Durante nuestras sesiones, le ayudé a comprender que no debe acelerar su proceso de sanación. Intentar resolver sus sentimientos y esperar superar la pérdida rápidamente no era una forma saludable de manejar su dolor.

Por el contrario, necesitaría un período ininterrumpido y sin prisas para sentir el dolor y la tristeza. Sería poco realista esperar que Valeria comenzara a sentirse mejor inmediatamente después de esta experiencia tan traumática. Lo que necesitaba era tiempo para afrontar su duelo. Siempre les animo a mis clientes a tomarse el tiempo que necesitan para procesar su pérdida.

## Los primeros días y semanas después de la muerte

Son tantos los cambios que se producen tras una muerte que se tarda bastante en acostumbrarse a ellos. Ya no tienes que cuidar de tu compañero gatuno, ahora en tu casa hay menos actividad y "presencia". Puede ser agotador, y también muy doloroso. Tu dolor merece tu atención, ya que el impacto de la pérdida se hace sentir. El vacío que sientes es inmenso, y no puedes hacer nada para reducir su impacto. Es posible que también estés en negación, una incapacidad para aceptar lo que ha sucedido, mientras tu mente subconsciente intenta ponerse al día con tu mente consciente. Conscientemente sabes que has perdido a tu fiel compañero, pero subconscientemente sigues esperando que esté ahí cuando llegues a casa. Tu subconsciente no entiende el por qué de su ausencia, por esta razón, espera que la vida continúe como antes.

Hasta que se ponga al día con tu mente consciente, te costará aceptar lo sucedido. Puedes tener la sensación de que es un mal sueño o un error, de que tal vez tu peludo salió un rato y volverá pronto a casa. Sentir rabia y frustración es normal durante este período inicial, estos sentimientos pueden continuar durante meses o, a veces, años. Valeria estaba muy enfadada consigo misma por no haber mantenido a Nico en casa. Si lo hubiera hecho, no hubiera desaparecido. También, estaba enfadada consigo misma por no haberlo encontrado. Sentía que había fallado en protegerlo y, cómo lo quería tanto, no podía dejar de culparse por su desaparición.

Lo mejor que puedes hacer durante este período, es no hacer nada. Intenta tener todo el tiempo libre que puedas. Incluso evita las tareas domésticas si puedes. Es muy fácil distraerte si estás haciendo alguna tarea. Hay que tener tiempo libre para experimentar nuestro duelo plenamente y para poder procesarlo. Si sientes que ciertas actividades te hacen sentir mejor, hazlas. También debes tomarte un tiempo para relajarte y tu tristeza.

**Tres meses después**

El duelo suele ser muy intenso en los tres primeros meses, por lo que puede ser un momento muy difícil. A medida que la conmoción y la incredulidad comienzan a desaparecer, la pérdida se hace sentir. Las personas que te rodean siguen con sus vidas, así que sientes que debes hacer lo mismo. Acudir a un grupo de apoyo puede ser extremadamente útil durante este período, ya que puede proporcionar ayuda y orientación. Las personas en estos grupos te escucharán sin juzgarte y con compasión.

## Primer aniversario de la muerte

Hay fechas que nunca se olvidan, el primer aniversario de la muerte de tu animal de compañía es una de estas fechas. Teniendo en cuenta lo importante que fue el tiempo que pasasteis juntos, es difícil no sentir una inmensa tristeza al no tenerlo a tu lado. El dolor del duelo puede tener la misma intensidad que al principio. Puedes sentir el mismo dolor al anticipar el aniversario, o incluso más.

## Veintiséis años después - *Armando y Lila*

Tuve un cliente llamado Armando, quien vino a verme después de perder a su madre. Durante nuestras sesiones, me contó que cuando era pequeño tenía una gata, la cual fue su compañera de infancia, llamada Lila. Se sintió muy afectado por la muerte de Lila, Armando solo tenía 11 años cuando murió. Él lloró mucho esta pérdida, también, sintió que nunca se había recuperado del todo. Le expliqué que era perfectamente normal. Cuando se sentía triste o estresado, él siempre recordaba que cuando se sentía mal, Lila venía y se acostaba a su lado y le frotaba la cabeza contra el brazo, para hacerle saber que estaba con él y que no debía estar tan triste.

En su adolescencia, Armando seguía recordando todos estos momentos. Descubrió que en el aniversario de la muerte de Lila le resultaba reconfortante escribirle una carta sobre lo que había sucedido el año anterior y cómo sentía que su presencia seguía estando con él en los momentos de estrés y angustia. Cuando me contó esto, también me preguntó si hacer lo mismo le ayudaría a superar el duelo por la pérdida de su madre. Le pedí que me diera un ejemplo de lo que le escribiría Lila. Me dijo que en el aniversario de la muerte de su gata Lila, escribía cómo la echaba de menos cada día, cómo recordaba los buenos momentos que habían pasado juntos y cómo ella le había enseñado muchas lecciones cuando era pequeño sobre la paciencia, la aceptación, la amistad, el amor, el afecto y la compañía. Siempre se sentía mejor por haber podido expresar sus sentimientos todos los años y por haber establecido la rutina de hacerlo cada año durante el resto de su vida.

Le expliqué que, en realidad, es una técnica terapéutica muy recomendada y que sería increíblemente útil en el duelo por la pérdida de su madre. Había estado honrando su memoria demostrando que nunca la había olvidado, y que ella siempre estaba con él en sus pensamientos. Siempre la llevaba en su corazón y lo haría por el resto de su vida.

Es importante que tengas una persona con quien hablar, así la conversación sea por escrito entre tu y tu peludo, y que pienses en cómo quieres pasar el aniversario. Todo esto forma parte del proceso de aprender a vivir con la pérdida. Puedes considerar la posibilidad de recordar a tu compañero gatuno con una celebración especial que conmemora sus recuerdos. El primer aniversario debería ser un momento especial para centrarte en los buenos recuerdos y pensar en cómo vas a seguir adelante ahora que has empezado a adaptarte a la vida sin su presencia física.

**Vacaciones, cumpleaños y días especiales**

Al igual que los primeros aniversarios, las vacaciones, los cumpleaños y los días especiales que pasaste con tu querido compañero pueden ser momentos y/o recuerdos dolorosos. Los festivos pueden ser difíciles sin tu amigo. Cuando ves a todas las personas que te rodean sonriendo y celebrando, mientras tu corazón se rompe, puedes sentirte solo.

Si sientes que durante una celebración navideña no quieres participar en la diversión, está bien no hacerlo. Si sientes que estás a punto de llorar, puedes simplemente ir al baño, cerrar la puerta y tomarte un momento para organizar tus pensamientos y sentimientos antes de volver a la sala.

Valeria hacía esto. Se relajaba durante las vacaciones y se tomaba un tiempo para recordar a Nico y los momentos que habían compartido. En lugar de intentar superar rápidamente su duelo, se dedicaba a sus actividades laborales y utilizaba su tiempo libre y las vacaciones para procesar su pérdida. Los cumpleaños y aniversarios pueden ser difíciles. Estos días especiales pueden desencadenar el duelo. Prepárate, planifica con antelación, intenta respirar profundamente, relájate y no luches contra los sentimientos que surjan.

## Resumen del capítulo

En este capítulo, hemos analizado lo que se puede esperar durante los días, semanas y años posteriores a la muerte de tu querido compañero. Comprender las exigencias de nuestra sociedad sobre nuestras emociones y cómo las procesamos, nos recuerda y anima a tomarnos el tiempo que necesitemos para superar el duelo. No le hagas caso a los demás si sientes que quieren apresurarte.

**Reflexiona**

1. ¿De qué maneras sientes que los demás intentan acelerar tu proceso de superación?

2. ¿Qué vas a hacer para tomarte el tiempo necesario para procesar lo ocurrido? ¿Cómo vas a responder si alguien intenta apurarte?

3. Describe cómo te sientes después de leer este capítulo. Si tu peludo no ha estado contigo durante varios años, ¿cómo has pasado los aniversarios anteriores?

# 6

# La importancia del autocuidado

Seguramente, te habrás dado cuenta que el duelo puede tener un impacto extremadamente negativo en tu bienestar. Cuando perdiste a tu compañero, tu vida cambió. La muerte de un compañero cercano puede alterar tu rutina diaria. Es importante que te des el tiempo que necesitas para adaptarte y recargar tu energía para afrontar la pérdida. El duelo prospera en nuestro agotamiento y confusión. Todo el mundo necesita un descanso para refrescarse. No hay necesidad de sentirse avergonzado por ello. Está bien experimentar tus emociones plenamente, además, es necesario para nuestro crecimiento personal. El autocuidado es una forma estupenda de poder hacerlo, sin que te sientas abrumado por la fuerza de tus sentimientos. También, te ayuda a afrontar el duelo y a mantener la concentración.

### Análisis de un caso real - *Alberto y Oliver*

Alberto se puso en contacto conmigo después de perder a su gato Oliver. Tenía dificultad para dormir y estaba muy tenso. No podía quedarse quieto. Descubrió que si se quedaba quieto por más de un par de minutos, comenzaría a pensar en Oliver. Tenía que mantenerse ocupado todo el día y seguir moviéndose para distraerse de sus pensamientos. Esto estaba causando problemas en su hogar y en su lugar de trabajo, ya que Alberto era muy inquieto, también, tenía dificultad para concentrarse y escuchar lo que la gente le decía. Estaba bastante frenético cuando lo conocí y, por supuesto, estaba muy cansado. Elaboramos un plan de autocuidado que se adaptaría a sus necesidades. Esto incluía una dieta nueva, hacer ejercicio y una grabación de hipnoterapia para que lo escuchara cada noche.

Estaba, inconscientemente, tratando de evitar su dolor. Una vez que elaboramos un plan de cuidado personal para él, su mente subconsciente pudo resolver sus propios problemas en unas semanas. Mejoró, su dolor tuvo menos intensidad y pudo recordar a Oliver mediante buenos recuerdos, sin sentirse miserable y triste. Pudo relajarse en casa y concentrarse en el lugar de trabajo, y llorar su muerte con respeto y compasión. También pudo tomar algunas decisiones difíciles que había evitado.

## El mejor consejo

Uno de los mejores consejos que te dará cualquier terapeuta, es que te cuides físicamente y mentalmente. Puede que lleves tiempo experimentando distintos tipos de duelo, o puede que sea tu primera vez. No importa en qué punto te encuentres, las cosas mejorarán si te tomas el tiempo necesario para sentirte mejor. Esto reforzará los recuerdos que tienes de los momentos que pasaste con tu peludo, lo que te ayudará a sanar. Si estás cansado, estresado, no comes o no puedes dormir y te sientes completamente solo, te resultará muy difícil tomar decisiones importantes. Durante el duelo, es importante no tomar ninguna decisión de la que puedas arrepentirte más tarde.

## La importancia del autocuidado

Hay muchas formas de cuidarse, y son asequibles o completamente gratuitas. Dar un paseo por un parque o, sobre todo, en un entorno natural, echarse una siesta, tomar un baño, prender unas velas aromáticas, quedar con un amigo para tomar un café, poner música relajante, tomar una taza de té o un masaje. Se trata de crear un plan de autocuidado con actividades relajantes y agradables que sirven para calmar la mente y relajar el cuerpo.

Descubrir nuevas actividades, así como retomar las antiguas, te ayudarán en este momento tan difícil. Un cuerpo sano facilita la superación de lo que estás experimentando. También, tomarse un tiempo para que te relajes aliviará parte del dolor que estás sintiendo, lo que te ayudará a curar la pena y tristeza en tu corazón.

**Cuidarse físicamente**

Hay muchas maneras de cuidar el cuerpo durante este período. Estas actividades físicas te permiten dejar de lado tu dolor por un momento y concentrarte en tu propio bienestar. Esto, a su vez, te ayudará a sentirte más fuerte y a tener más control. Incluso si sólo le puedes dedicar 5 o 10 minutos al día, esto te ayudará a procesar el dolor que sientes. Mi recomendación es intentar dedicarle entre treinta minutos y una hora al día a cualquier combinación de las siguientes actividades o cualquier otra que prefieras realizar:

*Caminar, especialmente en la naturaleza.*

*Practicar un deporte.*

*Nadar.*

*Jardinería.*

*Hacer yoga.*

*Hacer ejercicio.*

*Crear cosas, como en la carpintería y la repostería.*

*Cerrar los ojos y relajarse con música.*

*Dormir una pequeña siesta.*

*Tomar un baño caliente.*

*Hacer pequeñas pausas a lo largo del día.*

Si media hora o una hora al día es demasiado tiempo, intenta darte al menos media hora tres veces a la semana para cuidar de tu cuerpo.

Asimismo, mejorar la nutrición y la dieta puede ayudar enormemente, así como dormir lo suficiente cada noche.

## Cuidarse mentalmente

Cuidar de tu salud mental es indudablemente una prioridad. Es posible que estés teniendo todo tipo de pensamientos en este momento, y a veces el desorden que sientes en tu cabeza puede causarte ansiedad y estrés. El mejor remedio para superar esto es tener a personas con las que puedas hablar. Puede costarte un poco identificar el tipo de apoyo necesario, pero, eventualmente lo encontrarás. Hay terapeutas, psicoterapeutas, proveedores de atención sanitaria y grupos de apoyo locales y en línea. En muchos países existen grupos de apoyo para la pérdida de un animal de compañía, en los que puedes conocer a personas que estén pasando por situaciones similares. Encontrar un lugar donde sientas que puedes expresarte sin que te juzguen es muy importante. Habla con tus familiares y amigos sobre tus dificultades. Es posible que la familia y los amigos no sepan cómo ayudarte, por lo que es importante ser selectivo con las personas con quien hables. Evita las personas que crees que te van a juzgar.

# ¿Y AHORA QUÉ?

Una mente sana en un cuerpo sano ayuda a crear un buen equilibrio. Crear un sistema de apoyo te ayudará a mantener el control sobre tus pensamientos y te ofrecerá soluciones cuando sientas que tu dolor se está volviendo insoportable. Por favor, intenta disfrutar un poco y haz alguna actividad placentera si lo necesitas.

## Cuidarse espiritualmente

La mayoría de las personas tienen algún tipo de creencia espiritual. Pero tanto si tienes creencias espirituales como si no, vale la pena considerar la posibilidad de intentar entrar en contacto con tu ser interior. La oración, yoga, tai chi u otras formas de práctica espiritual pueden ayudarte a mejorar el control y la concentración. A su vez, esto puede ayudarte a ser más flexible y resistente. Cualquier práctica espiritual, ya sea regular o esporádica, puede ayudarte a sentirte más tranquilo.

## Resumen del capítulo

Hay muchas maneras de cuidarse. Depende completamente de ti cómo quieras practicar cualquiera de las sugerencias que he planteado en este capítulo. Puede que estés pasando por un momento muy difícil y que estés atravesando un cambio importante en tu vida, sin tu mejor amigo a tu lado. Están pasando muchas cosas que estás intentando comprender. Es importante acudir a un grupo de apoyo si lo necesitas, como se ha mencionado anteriormente, y hacer todo lo posible por cuidar de ti mismo. Para poder afrontar el duelo con eficacia, necesitas estar descansado, equilibrado y tranquilo.

Además, utiliza las preguntas del siguiente apartado para seguir tu cuidado personal sin que te sientas culpable. Incluso si lo único que puedes hacer en este momento es respirar profundamente.

**Reflexiona**

En este capítulo, he compartido algunas maneras en las que mis clientes han encontrado paz mental y fortaleza después de la muerte de sus peludos.

Al dejar tiempo para el autocuidado, podrás avanzar con más rapidez. Tomarás mejores decisiones y estarás preparado para cualquier imprevisto.

1. ¿Cuánto tiempo puedes dedicarle al autocuidado cada semana?

2. ¿Cómo vas a buscar apoyo, si lo necesitas?

3. ¿Cómo pueden tus creencias espirituales ayudarte en tu duelo?

# 7

# ¿Cómo cuidar el cuerpo de tu peludo?

Es importante afrontar la muerte de un ser querido con mucho respeto. Por lo tanto, qué hacer con el cuerpo sin vida de tu compañero gatuno es una decisión crucial. Si decides cuidar del mismo, estás mostrando respeto por el vínculo que tuviste con él.

Cremarlo, enterrarlo en tu propio patio o en un cementerio de mascotas, es una muestra de amor y afecto. Puedes dejar que un veterinario se encargue de estas gestiones, o puedes optar por hacerlas tú mismo. Tomando este tipo de decisiones, puedes aliviar cualquier sentimiento de culpa.

A lo largo de los años, por desgracia, he perdido algunos animales de compañía, cada vez que ocurre tengo esa duda sobre si hice todo lo que pude por ellos cuando estaban vivos. Una ceremonia funeraria y un entierro o cremación siempre me han ayudado a procesar la pérdida, al igual que las emociones y los pensamientos que tengo tras estas tragedias.

## Las ventajas y los inconvenientes

Hay varias opciones a considerar cuando llega la hora de decidir qué hacer con los restos.

Por un lado, puedes dejar que un veterinario se encargue de gestionarlos, especialmente si crees que no puedes encargarte de dicha gestión. Además, puede ser mejor no ver el cuerpo si has perdido a tu peludo en un atropello o accidente de tráfico. Aunque, si finalmente dejas que el veterinario se encargue de esto, no sabrás cómo se tratarán los restos. Por lo general, a las familias no les gustaría que sean introducidos en una bolsa de plástico y luego desechados.

He hablado con muchos veterinarios, y he comprobado que son personas sensibles, pero si se eligen como responsables para este tipo de gestiones, es posible que quieras preguntarles cuál es su protocolo para manejar los cuerpos de sus pacientes. Asimismo, puede ser difícil llevar un cuerpo al veterinario si tu compañero felino ha fallecido en casa.

Por otro lado, para evitar cualquier tipo de estrés o trauma, es posible que desees mantenerlo en casa para un entierro en el patio trasero o ponerte en contacto con un crematorio de mascotas.

### Análisis de un caso real - *Julia y Simba*

Simba, el gato de Julia, tenía serios problemas de salud a los 18 años. Estaba en tratamientos con el veterinario y necesitaba medicamentos para aliviar los diversos síntomas que sufría. El veterinario insistió que Julia usara el servicio que él ofrecía para deshacerse del cuerpo. Sin embargo, Julia quería una despedida personalizada y un monumento físico para conmemorar a Simba. Prefirió un tratamiento que podría administrarse en casa, hasta que llegara el momento en que Simba no podría seguir luchando. Cuando llegó este momento, tristemente el veterinario tuvo que sacrificarlo.

Julia, su esposo y sus hijos colocaron a Simba, con mucho cuidado, en un asiento que habían preparado y llevaron su cuerpo al crematorio municipal de mascotas. Habían tomado fotos como recuerdo y organizaron una pequeña conmemoración. El crematorio le entregó a la familia las cenizas en una urna que fue enterrada en sus terrenos. A continuación, colgaron algunas fotos alrededor de su casa. Esto le permitió a Julia y a su familia tener un objeto con el cual pudieran recordar a su querido amigo.

Además, permitió que Julia y su familia pudieran despedirse de Simba y mantener un vínculo con su amado gato.

Esto no alivió el dolor y la tristeza que sentían, pero estos recuerdos les dio una oportunidad de recordar a su querido amigo y la vida que habían compartido.

Si decides enterrar a tu gato en tu propiedad o llevar el cuerpo a un crematorio de mascotas, debes tener en cuenta que puede ser un momento difícil y/o desagradable. Es posible que necesites el apoyo de familiares o amigos. Además, puede que en tu localidad la tierra se congele durante el invierno. Por lo tanto, si decides enterrarlo, puede ser necesario usar un servicio especializado. He conocido personas que preservaron los restos en el congelador hasta la primavera, para que en esta época del año pudieran cavar un hoyo y finalmente enterrarlo.

Una ventaja al usar los crematorios y cementerios de mascotas, es que ellos se encargarán de este tipo de trámites. Y te permitirán despedirte en un entorno formal. Aunque, si no tienes un patio trasero disponible para el entierro, por ejemplo, si vives en un apartamento, puede que tengas que usar un cementerio de mascotas o enterrarlo en algún lugar que sea especial.

Independientemente de lo que decidas hacer, recuerda que es tu decisión, que deberías hacer en base de tus creencias, necesidades y deseos, y no le corresponde a un tercero dictar la forma en la que deberías gestionar el cuerpo de tu peludo.

**Resumen del capítulo**

En este capítulo, te he proporcionado información y consideraciones que te ayudarán a tomar una decisión sobre cómo puedes tratar el cuerpo de tu amigo gatuno. Hay muchas maneras de hacerlo. Para tomar la mejor decisión, empieza por intentar comprender tus propias creencias y sentimientos.

## Reflexiona

Las siguientes preguntas te ayudarán a determinar cómo te sientes y cómo prefieres gestionar los restos.

1. ¿Quieres que tu veterinario se encargue de todo? En caso afirmativo, ¿por qué crees que es la mejor decisión y cómo te vas a despedir de tu amigo? Enumera las ventajas y los inconvenientes de esta elección.

2. ¿Quieres ocuparte tú mismo de las gestiones? Enumera las ventajas y los inconvenientes de esta elección.

3. Considera un último acto simbólico que podrías hacer para demostrar tu amor y respeto por tu peludo. Por ejemplo, crear una cruz de madera o una lápida para un entierro en casa y/o poner un juguete favorito en el lugar donde se ha enterrado. También, si has optado por incinerar los restos, puedes esparcir las cenizas en un lugar especial. Si quieres más ideas, una búsqueda en internet te mostrará muchísimas formas de crear un recuerdo especial. Asegúrate de que este último acto complementa la decisión que has tomado.

# 8

# ¿Qué hacer cuando se muere tu peludo?

Si optas por no dejar los restos de tu animal de compañía con el veterinario, las opciones restantes son la cremación o el entierro. La mayoría de mis clientes prefieren la cremación, mientras que en el pasado era más común hacer un entierro.

**¿Es mejor enterrar o incinerar los restos?**

La respuesta a esta pregunta es completamente subjetiva y personal. Debes tener en cuenta el coste y las opciones que tienes disponibles.

¿Y AHORA QUÉ?

Hacer el entierro en tu jardín no siempre es práctico. Tendrás que cavar al menos entre un metro y un metro y medio de tierra y tener en cuenta las tuberías de gas o agua, así como la normativa local. Asimismo, si vives en un lugar con un clima frío, puede ser muy difícil enterrar a tu peludo en invierno. Por último, si te mudas a una casa nueva, va a ser difícil visitar a tu peludo.

Una muy buena opción es usar un cementerio de mascotas, si hay uno en tu zona. Aunque, este no siempre es el caso.

La incineración es, por lo general, la opción más conveniente, ya que suele ser más asequible y te permite tener un recuerdo. Muchas familias están de acuerdo en que es una opción excelente. Además, según una encuesta de la asociación estadounidense Pet Loss Professionals Alliance, en el 99% de las muertes de animales de compañía, las familias eligen incinerar los restos.

**Análisis de un caso real -** *Darío y Choco*

Darío tenía un vínculo muy cercano con su gato Choco. Cuando murió, lo tuvo que incinerar, después decidió hacer algo especial con sus cenizas. Decidió esparcir la mitad de las cenizas en su residencia principal y la otra mitad en su casa de vacaciones. Pero, para asegurarse de que Choco estuviera siempre con él, se hizo un tatuaje, que fue inspirado en una foto de su Choco. Como algo especial, algunas de las cenizas se mezclaron con la tinta. Me dijo que estaba alegre porque su amigo siempre estará con él en su casa, su casa de vacaciones y en su tatuaje. También me informó que lo seguía echando de menos, pero era un consuelo siempre tenerlo a su lado.

Hay varios servicios que te permiten incorporar las cenizas en distintos objetos, como en joyas y llaveros.

## ¿Cómo funciona la incineración?

Por lo general, este proceso sigue los siguientes pasos:

El cuerpo se incinera a unos 760-980 grados Celsius. El tiempo que tarda depende del tamaño, pero suele ser de unas dos horas.

Después, se inspeccionan los restos en busca de objetos metálicos y se retiran los que se encuentren. Si quedan fragmentos grandes de hueso, se pulverizan hasta convertirlos en un polvo fino parecido a la ceniza.

## ¿Y AHORA QUÉ?

En una cremación privada, las cenizas se depositan en un recipiente. Es posible que el crematorio te permita proporcionar una urna, una caja u otro recipiente cerrado. Si el crematorio no acepta urnas o sigues buscando el lugar de descanso final perfecto, las cenizas se suelen depositar en una bolsa de plástico y luego se devuelven a la familia.

Si el crematorio te permite ver la incineración, puedes pagar una pequeña cantidad para estar en la propia sala de incineración o en una sala de observación. Este tipo de incineraciones pueden ayudar a los dolientes a cerrar el proceso de duelo, ya que muchas personas no quieren separarse de su querido amigo hasta el final.

También, hay un proceso relativamente nuevo para la cremación de animales que se hace con agua, llamado hidrólisis alcalina. Este proceso consiste en depositar los restos en un tubo de acero presurizado que vierte una mezcla de hidróxido de potasio y agua a 170ºC. Generalmente, este proceso dura unas dos horas. Cuando termina, el único residuo sólido que deja son los minerales de los dientes y los huesos, los cuales se pueden pulverizar y entregar a los familiares.

Este nuevo proceso consume menos energía, genera prácticamente ningún gas contaminante, elimina cualquier patógeno presente y el residuo líquido que deja se puede usar como un fertilizante.

## Tipos de incineración

Hay tres tipos disponibles: colectiva, dividida e individual. Dependiendo de cual elijas, podrás recuperar las cenizas de tu animal de compañía:

**Colectiva:** Suele ser la opción más barata. Los restos son incinerados junto con otros. Debido a que hay varios cuerpos, no es posible recuperar las cenizas.

**Dividida:** La incineración se lleva a cabo con otros animales, pero cada uno se divide. Puedes pedir las cenizas, pero es posible que te entreguen algunos restos de otros animales mezclados con las cenizas.

**Individual:** Suele ser la opción más cara, ya que la cremación es individual. Permite al dueño llevarse las cenizas para conservarlas.

La cantidad de cenizas que se recupera depende del tamaño del cuerpo. Los expertos indican que recuperarás alrededor del 3,5% del peso original del mismo.

## ¿Cómo puedo encontrar un crematorio de mascotas?

Muchas ciudades tienen crematorios de mascotas que suelen ser contratados por clínicas veterinarias. Si vives en una ciudad pequeña, es posible que el crematorio se ocupe tanto de humanos como de animales. Pero, por lo general, tendrá dos áreas designadas para cada uno.

Puedes buscar uno por internet, pero muchas veces es mejor preguntarle a tu veterinario. Si tiene que sacrificar a tu gato, puedes optar por la incineración, y este profesional se encargará de trasladarlo al crematorio. Sin embargo, si tu peludo muere en casa, puedes contratar un servicio que recoja los restos en tu domicilio.

Muchos prefieren usar este tipo de servicio para que sus animales de compañía mueran en paz. Este tipo de servicio consiste en que veterinarios cualificados se desplacen a tu domicilio, los cuales ofrecen la cremación de animales como un servicio adicional. Retiran el cuerpo, lo incineran y devuelven las cenizas en una urna.

**¿Qué puedo hacer con las cenizas?**

Tienes muchas opciones sobre qué hacer con las cenizas:

**Esparcir las cenizas:** Esta es una buena opción para honrar a tu gato. Muchas personas hacen esto en un lugar especial.

**Una urna:** La forma más popular de conmemorar a tu peludo, consiste en tener una urna con sus cenizas. Están disponibles en muchos estilos. En el exterior de la urna, puedes colocar una fotografía u otro recuerdo.

**Joyas hechas con las cenizas:** Muchas personas encargan estas joyas para recordar a su animal de compañía y tenerlo siempre a su lado. Pueden ser collares para urnas, colgantes e incluso joyas de vidrio, que se fabrican al fundir vidrio y añadir las cenizas.

**Arte de vidrio:** También puedes convertir las cenizas en hermosas esculturas de vidrio que puedes colocar en tu casa. El proceso que se sigue para su creación es similar al de las joyas de vidrio.

**Bosques conmemorativos:** Los bosques conmemorativos son una forma ecológica de honrar la vida de tu fiel compañero. Las cenizas se esparcen bajo un árbol conmemorativo en un bosque protegido, creando un hermoso lugar para visitar a tu querido amigo. Incluso puedes elegir que se haga lo mismo con tus propias cenizas en el mismo lugar para crear un legado duradero.

Hoy en día tienes muchas opciones disponibles sobre qué hacer cuando pierdas a tu querido gato. Si eliges la incineración, puedes conmemorarlo de distintas formas creativas y tener la tranquilidad de saber que sus restos siempre estarán contigo.

**Preguntas que se pueden hacer al personal de un crematorio**

1. *¿Quién realizará la incineración?*

Debes asegurarte de que la persona que manipula el cuerpo y el horno de cremación sea una persona cualificada y con experiencia en este sector. Procura que sea una persona que esté capacitada, que tenga la formación necesaria y que no trabaje demasiado o lo odie. Básicamente, la industria de los crematorios de mascotas no está muy regulada en este momento, así que prepárate para hacerles muchas preguntas sobre cómo se hace la cremación.

*2. ¿Cuánto tiempo tendré que esperar para que se lleve a cabo la incineración?*

Esto depende del crematorio. Puede tardar varias semanas o unos días. Pueden estar muy ocupados o sólo llevan a cabo la cremación de animales en determinados días. Asegúrate de preguntarles o de obtener una respuesta de tu veterinario si has usado su servicio.

Suelen tardar varios días o semanas. Si tienen altos estándares, cuidarán muy bien el cuerpo. Aunque es importante que te informes de cómo se cuidará en caso de que tengas que esperar mucho.

En mi opinión, es mejor elegir un crematorio donde se puedan recibir las cenizas de mi compañero el mismo día. Así me siento más seguro y tranquilo. Saber cuánto tiempo va a tardar te ayudará a controlar tu estrés. Por lo tanto, saber que tendrás sus cenizas en poco tiempo es mejor para el proceso de duelo.

*3. ¿Cómo sé que las cenizas que recibo son de mi gato?*

Tanto si dejas que un veterinario se encargue de gestionar el cuerpo como si te encargas tú mismo de esta gestión, pregúntale cómo hacen el seguimiento de los restos en sus instalaciones. Si no te convence la respuesta, usa otro servicio. Si te convence y confías en ellos, puedes estar tranquilo.

## Entierro en casa

Si prefieres no incinerar el cuerpo, también existe la posibilidad de enterrarlo en casa sin tener que llevarlo al veterinario. Es posible que esto no esté permitido en una zona urbana, así que consulta primero con las autoridades locales. Sin embargo, si vives en el campo, puedes optar por un entierro en casa para poder enterrar a tu querido compañero en tu lugar favorito. Ten en cuenta que hay algunas dificultades prácticas que deberás tener en cuenta a la hora de enterrar a tu gato. Cuando elijas el lugar de enterramiento, asegúrate de escogerlo con cuidado. Algunas personas eligen lugares especiales en su casa para que puedan colocar algunos recuerdos.

## Análisis de un caso real - *Gloria y Rocky*

Gloria enterró a su gato, Rocky, en el patio trasero donde solía cazar. Rocky le pedía a Gloria que viniera a cazar con él a diario, y ella siempre lo acompañaba. Tras su muerte, Gloria decidió enterrarlo en un lugar especial.

Quiero recalcar que debes elegir un lugar que no sea alterado en el futuro. No hagas el entierro cerca de un lugar con agua, como un pozo, un estanque o un arroyo. Es preferible una zona a la que puedas ir a visitarlo sin molestias y en la que el suelo esté siempre seco. Cuando lo entierres, asegúrate de cavar un agujero con al menos un metro y medio de profundidad, para proteger la zona de enterramiento y evitar que la tierra se altere o sea arrastrada por el agua. Si esto ocurre, verlo podría ser muy traumático.

Recomiendo el uso de un material biodegradable a la hora de hacer el entierro, como una toalla, o un objeto de madera o tela. Evita enterrarlo con su cama favorita si está rellena de materiales sintéticos. Muchas personas que eligen esta opción tendrán una piedra o un marcador colocado en el lugar, una buena manera de honrar a su compañero.

**Cementerio de mascotas**

Si deseas utilizar un cementerio de mascotas, podrás visitar a tu gato, así no vivas en tu domicilio actual durante el resto de su vida. Si lo entierras en casa y te mudas, no podrás llevarte su cuerpo, y es posible que no puedas visitar su lugar de enterramiento. Un cementerio de mascotas te proporcionará un espacio sagrado para visitar y recordar a tu compañero.

Hay muchas consideraciones que hay que tener en cuenta a la hora de elegir un cementerio de mascotas. En primer lugar, asegúrate de que el cementerio es miembro de una organización ética. Si eliges una funeraria, un cementerio o un crematorio para mascotas que sea miembro de una organización ética, puedes estar seguro de que sigue un código ético.

Deberías preguntar lo siguiente si decides escoger esta opción:

1. ¿Quién es el propietario del terreno donde se encuentra el cementerio?

2. ¿Se está quedando sin terreno para entierros?

3. ¿Se usará este terreno exclusivamente para enterrar animales?

4. ¿Cuántos años lleva realizando esta actividad?

5. ¿Quién es el propietario?

6 ¿Es miembro de una organización respetable?

7. ¿Los empleados tienen experiencia en este sector?

8. ¿Cuánto cuestan sus servicios?

He comprobado que los cementerios de mascotas ofrecen diferentes servicios a diferentes precios, en función de dónde se encuentren. La mejor manera de encontrar un cementerio de mascotas es encontrar un cementerio que esté registrado en la IAOPCC (por sus siglas en inglés, en español se llama Asociación Internacional de Cementerios y Crematorios de Mascotas). Asegúrate de que se trata de una empresa de confianza y que sea respetada. Luego, si estás satisfecho con sus respuestas, puedes hacerles preguntas específicas sobre los gastos, etc.

Aquí hay una serie de cuestiones que puedes plantearle al personal del cementerio:

1. ¿Cuáles son mis opciones y precios para el enterramiento?

2. ¿Ofrecen transporte de los restos desde mi casa o desde mi veterinario?

3. ¿Ofrecen lotes individuales o sus lotes son comunales?

4. ¿Quién se encarga del mantenimiento general de la tumba? ¿Hay tarifas adicionales?

5. ¿Puedo venir a visitar la tumba cuando quiera?

6. ¿Ofrecen servicios funerarios?

7. ¿Puedo dejar juguetes, flores y recuerdos en la tumba?

Los cementerios pueden proporcionar ataúdes, lápidas y cuidado del lugar de entierro. Debes estar informado de todos los costes para estos servicios. Asegúrate de investigar y encontrar un cementerio que pueda satisfacer tus necesidades.

## Resumen del capítulo

En este capítulo, has aprendido sobre las distintas formas de cuidar los restos de tu peludo. Has aprendido sobre la incineración y cómo se realiza. Si consideras la posibilidad de acudir a un crematorio, deberías hacer una serie de preguntas sobre cómo funciona el proceso de cremación en este lugar y el tipo de restos que pueden cremarse.

Si no quieres incinerar el cuerpo, puedes elegir otras dos opciones de entierro: el entierro en casa o el entierro en un cementerio de mascotas. Este capítulo también incluye algunas preguntas que puedes plantearles a los empleados del cementerio de mascotas, los cuales te ayudarán a saber si el entierro es la mejor opción para tu caso.

**Reflexiona**

1. ¿Estás tratando de decidir entre la cremación y el entierro? Investiga un poco para que hagas una decisión informada. Busca crematorios y cementerios de mascotas en tu zona. Además, infórmate cuál es la normativa de tu zona si quieres hacer el entierro en casa.

2. ¿Qué opinas sobre la incineración? Si optas por hacerlo, ¿qué preguntas le harías a tu veterinario y/o al crematorio?

3. ¿Has pensado en un entierro en casa? Si es así, ¿en qué parte lo harías? ¿Has pensado en algún lugar especial para hacerlo? ¿Cómo marcarías su lugar de entierro?

# 9

# ¿Cómo apoyar a un niño en duelo?

La pérdida de un animal de compañía suele ser la primera vez que un niño afronta la muerte. Por esta razón, puede ser muy difícil ayudarle a superar el duelo, ya que es la primera vez que toma consciencia de la irreversibilidad de este hecho. Su compañero no volverá. También puede ser muy difícil para los padres, los cuales también están pasando por un momento muy difícil y no quieren ver a su hijo triste. Además, las preguntas que plantea el niño pueden causar incomodidad en los padres. Muchas veces querrá saber más sobre la vida, la muerte y la tristeza que está sintiendo.

La muerte suele ser un tabú. Sin embargo, forma parte de la vida. Al hablar con tus hijos sobre la pérdida de su amigo, es importante comprender tus propios sentimientos y tu actitud ante este hecho. Los niños pueden hacer preguntas sobre la muerte, qué significa, qué ocurre después, si volverán a ver su amigo, etc. Si tienes confusión acerca de estos temas, tu hijo puede darse cuenta.

Sin embargo, como se ha mencionado antes, el fallecimiento de un animal de compañía puede ser la primera vez que tu hijo sufra la defunción de un ser querido. Es muy probable que experimente nuevos sentimientos, incluido el duelo, al conocer las consecuencias tras la defunción de su querido compañero. Puede ser muy difícil para ellos procesar estos sentimientos, por lo que esta puede ser una oportunidad para enseñarle a tus hijos el significado de la vida y la muerte, lo que les ayudará a afrontar estos hechos tan trágicos cuando sean mayores.

Mientras más cercana era la relación que tenía el niño con su animal de compañía, más intenso será su dolor.

**¿Cómo puedo saber si mi hijo tenía una relación cercana con nuestro gato?**

# ¿Y AHORA QUÉ?

Para que los niños hagan el duelo por la pérdida de su compañero, debe haber apego entre ellos. Esta es una parte esencial del duelo, independientemente de la edad de la persona. Las siguientes preguntas te ayudarán a saber cómo era la relación con su peludo:

1. ¿Cuánto tiempo pasaban juntos?

2. ¿Cuánta atención y afecto le daba el niño?

3. ¿Conoce el niño bien al gato?

4. ¿Cómo se comportaban cuando estaban juntos?

Estas preguntas se aplican incluso en el caso de niños muy pequeños. Los sentimientos relacionados con la intimidad y el tiempo que pasan juntos suele ser de mayor duración durante los primeros años del niño. Los niños de entre seis y diez años pueden sufrir un intenso duelo. Pueden experimentar síntomas físicos, como dolores de cabeza y estómago. Pueden llorar bastante, expresar rabia por lo ocurrido, tener un fuerte deseo de tener a su gato de vuelta y sentirse muy tristes en las horas del día en las que solían jugar con él.

## ¿Cómo responden los adolescentes a la pérdida de un animal de compañía?

A los adolescentes les resulta difícil expresar su apego y dolor tras la pérdida de un animal de compañía. En esta etapa sienten que son invencibles. Estoy hablando de adolescentes que tienen entre 13 y 17 años. Además, suelen tener pensamientos de independencia, lo cual puede crear dificultades para que se enfrenten a los sentimientos de intimidad que tenían por el gato de la familia.

Asimismo, tienden a minimizar la muerte y no quieren hacer el duelo. Sin embargo, cuando se les pregunta cómo se sienten, también sienten tristeza e ira. Hablan con fotos, sueñan con su gato e incluso lo buscan mientras caminan por la calle.

Una adolescente que ayudé, llamada Miriam, solía pasar mucho tiempo hablando con su gato, Loki, por lo general, después de una noche con sus amigos. Pero, tras la muerte de Loki, a Miriam le resultaban dolorosos estos momentos, porque sentía intensamente el dolor de la pérdida.

Basándome en mi experiencia personal y profesional, y así lo confirman las investigaciones académicas, los niños muestran los mismos sentimientos que los adultos tras una defunción, pero los niños no siempre exteriorizan su dolor y, por tanto, se considera que no entienden o no sienten la muerte. Sí la sienten, pero son reacios a compartir sus sentimientos, a no ser que sea en un entorno seguro.

Esta respuesta es a veces diferente de la de un adulto y, con demasiada frecuencia, las reacciones de los niños se comparan con las de las personas adultas o se ignoran, como si no existieran, ya que no son reconocidas por los demás.

**Cómo ayudar a un hijo en duelo**

Pasa tiempo con tu hijo. Valida sus sentimientos y permítale que los exprese cuando lo necesite. Tendemos a intentar evitar que los niños lloren y estén tristes. Dile que si está triste, no pasa nada, es normal tras este hecho tan trágico. Hazle saber que su compañero ya no está aquí, pero que tú estás a su lado para apoyarle y ayudarle a afrontar sus sentimientos. Se recomienda abrazarle y consolarle en este momento.

Permite que hable de su peludo y que recuerde los momentos especiales que pasaron juntos. Puedes hablarle con delicadeza sobre cómo te sientes y que, si tienen sentimientos similares, los compartan contigo. Puedes pedirles que hagan un dibujo de su gato tal y como lo recuerdan o incluso que dibujen dónde se encuentra ahora.

Puede ser una buena idea hacer un servicio familiar que conmemora la vida y la muerte de su amigo felino con toda la familia presente, ya que a los niños les gustan las reuniones familiares y también quieren saber que los adultos tienen el control. Se podría poner una caja de recuerdos con fotos o incluso el collar, así como una carta de "despedida" que el niño podría escribir.

Habla de la muerte como parte de la vida y comparte tus propios sentimientos con tu hijo. Deja que decida a quién se va a invitar a la ceremonia y tal vez hasta pueden participar en ella.

Si tu hijo es un adolescente y se comporta de forma inadecuada o parece estar en negación, comparte tus sentimientos abiertamente. Con el tiempo, harán el duelo, pero a su ritmo y a su manera. Recuerda que un adolescente es a veces un niño pequeño en un cuerpo "grande".

**Qué hacer y no hacer**

Tu serás el principal sistema de apoyo de tu hijo mientras llora la pérdida de su querido gato, y te corresponde ayudarle a entender que la muerte es una parte natural de la vida. Hay muchas maneras de ayudarle a sentirse reconfortado y apoyado durante este momento.

Ser sincero con ellos es muy importante. Si no estás seguro de tus sentimientos, te resultará difícil ser sincero con tu hijo. Aunque puede ser difícil decírselo, siempre debes decirle la verdad. Las verdades a medias, las generalizaciones y los clichés no les ayudará. Es probable que te pregunte adónde ha ido su gato, si volverá algún día y por qué ha muerto. Evita decirle que está durmiendo, que se ha escapado o que vive en otro lugar. Esto puede dificultar el entendimiento que tiene sobre el duelo a medida que crezca.

Ser claro sobre la muerte, ser honesto sobre cómo te sientes y hablar en términos simples y específicos es muy útil. Por ejemplo, "nuestro gato Félix, ha muerto, su cuerpo dejó de funcionar y entró en coma, del que no se recuperó. Todos nos sentimos muy tristes por perder a Félix y le echaremos muchísimo de menos".

A la edad de ocho o nueve años, los niños son capaces de entender el significado de la muerte, por lo que se puede explicar de una manera más adulta. Por ejemplo, "sabemos que Félix sufre y que es muy mayor. Esperábamos que estuviera mucho tiempo con nosotros, pero su cuerpo tiene dificultades para seguir adelante y le cuesta comer, lo que le priva a su cuerpo de nutrientes vitales. Su enfermedad está empeorando, y esto le causa mucho dolor. Quizá sea el momento de dejarle morir en lugar de que siga sufriendo. Podemos llevarlo al veterinario para que le dé una medicina que le permita irse de este mundo en paz y sin dolor".

Expresa tu dolor de forma abierta y honesta con tu hijo. La tristeza, el llanto y la añoranza son reacciones perfectamente normales, y es importante que tu hijo vea que es una reacción perfectamente normal y aceptable ante la pérdida. Aunque, por su bien, es mejor que emociones como la ira o la tristeza profunda se expresen en privado.

Si tienes que ir al baño o a otra habitación para permitir que pasen las emociones difíciles o si tienes que hablar de tus sentimientos con otra persona, sería mejor hacerlo mientras el niño no esté en casa, como cuando está en la escuela. Es importante que vea las emociones positivas en torno al duelo para que no se asuste ante otras muertes futuras. Sin embargo, es mejor no expresar la depresión y la ira cuando esté en casa.

Es importante que tu hijo entienda que puedes exteriorizar tus sentimientos. Nuestro dolor debe expresarse. Los niños tienen que entender que la muerte es parte de la vida y que pueden expresar lo que sienten, para que se conviertan en adultos sanos y resistentes.

Hay muchos mitos sobre el duelo, de los que hemos hablado previamente en otro capítulo. Si lees sobre estos mitos, podrás entender y procesar tus sentimientos. Saber cuál es la diferencia entre un duelo normal y anormal te ayudará a estar preparado para afrontar las preguntas, los miedos y los sentimientos de tu hijo. Saber qué ocurre tras una pérdida te ayudará a mantener la calma y el control durante este momento tan difícil. Dado que puede ser la primera vez que haya sufrido una muerte, ten en cuenta que puede no saber cómo responder o por qué se siente así.

**Resumen del capítulo**

En este capítulo se analiza la importancia de hablar sobre la muerte y el duelo con un niño. Además, la información proporcionada en este capítulo te ayudará a apoyar a tu hijo cuando sufra la muerte de un ser querido. Las preguntas que aparecen a continuación te ayudarán a planificar cómo ayudarle. En el próximo capítulo, analizaremos cuándo es el momento adecuado para tener otro gato, si es lo que quieres hacer. He tenido muchos clientes que han tenido todo tipo de sentimientos dolorosos cuando consideran la posibilidad de acoger a otro peludo.

**Reflexiona**

1. ¿Cuáles son tus sentimientos sobre la muerte? ¿Puedes hacer una lista? ¿Consideras que cada uno de tus sentimientos sobre la muerte son sanos?

2. ¿Qué le contestarás a tu hijo cuando te pregunte sobre la muerte?

3. ¿Le has contado algo que sabes que no es cierto? Si es así, para que tenga una respuesta clara y honesta, ¿puedes decirle que lo anterior no era cierto?

# 10

# ¿Cuándo debería acoger a otro animal de compañía?

Decidir si vas a acoger a otro gato puede ser una decisión muy difícil de tomar. Desgraciadamente, su vida no es tan larga como la nuestra, por lo que la pregunta de si se debe tener otro peludo es algo difícil de evitar. La pérdida de un compañero felino es una experiencia muy dolorosa y puede causar mucha soledad si vives solo.

Muchos de mis clientes descubren que acoger a un animal de compañía es una buena idea. Aunque, para otros, puede pasar mucho tiempo antes de que estén preparados para acoger a otro compañero. Hasta hay ciertas personas que prefieren no tener a otro peludo, ya que el dolor de la pérdida fue muy intenso.

El duelo es un proceso único para cada persona, el cual varía en intensidad y duración según la persona, la situación y la relación que tenía con su peludo. Cada persona experimenta el duelo a su manera y a su ritmo. Del mismo modo, acoger a otro gato es una decisión personal y única que sólo tú puedes tomar. He asesorado a familias que simplemente no podían imaginarse vivir sin un animal de compañía. No podían llegar a casa sin que recibieran una bienvenida.

Acoger a un gato nuevo les dio mucha felicidad. Sin embargo, otros clientes sienten la necesidad de esperar hasta que hayan llorado la muerte de su anterior amigo y se sientan preparados y emocionalmente estables para entablar otra relación. Muchas veces es conveniente tomarse un tiempo para hacer el duelo antes de encariñarse con otro compañero.

# ¿Y AHORA QUÉ?

Algunas personas quieren hacerse cargo de un nuevo gato inmediatamente, otras prefieren esperar un tiempo, y algunas no saben cuándo estarán listos. La mayoría de mis clientes sienten distintos grados de dolor después de invitar a otro animal de compañía a sus vidas.

Es posible que de vez en cuando sientas tristeza o incluso desesperación. Esto es perfectamente normal. Lo único que puedes hacer es confiar en tu propio instinto y en tus propios sentimientos y dejar que el proceso de duelo siga su camino. El duelo es un proceso único, que cada persona maneja de manera distinta.

Por un lado, una familia con la que me reuní recientemente no quería vivir en un hogar sin un animal de compañía, por lo que remediaron la ausencia rápidamente tras la muerte de su gata, Bea. No podían volver a su hogar y no escuchar los maullidos alegres de Bea que los saludaba, dándoles la bienvenida a casa. Asimismo, mi clienta Nerea también adoptó un nuevo amigo gatuno, esta adopción alivió rápidamente su angustia y le trajo felicidad.

Por otro lado, mi clienta Estefanía necesitó llorar la muerte de su gato, Zack, mucho más tiempo antes de sentirse preparada para adoptar a otro. Sentía que necesitaba tiempo para hacer el duelo y poder trabajar sus sentimientos. Para ella, esto era lo más sensato porque quería estar segura de no "sustituir" a Zack ni expresar su dolor delante de su nuevo compañero. Tampoco quería sentirse desleal con él.

Hay algunas personas como Nerea que quieren un nuevo compañero de inmediato, hay otras como Estefanía, que prefieren esperar un tiempo. Incluso hay ciertas personas que no tienen un plazo fijo para hacer la adopción, simplemente esperan hasta que surja la oportunidad.

La mayoría de mis clientes pasan por distintos niveles de angustia al acoger a otro peludo. Este es un sentimiento muy común. Finalmente, al leer este capítulo espero que puedas tomar la mejor decisión para ti.

**8 consejos para acoger a otro peludo**

1. Al acoger a otro peludo no te sorprendas si tienes momentos en los que sientas tristeza y dolor. Puede ser muy difícil enfrentarse a estos sentimientos, ya que pueden ser sorprendentes e incómodos.

2. No hay un momento correcto o incorrecto para acoger a otro amigo. Es una decisión completamente subjetiva y personal.

3. No te apresures para tomar una decisión. Tómate el tiempo necesario para tomar una decisión informada. No dejes que nadie te presione. Debes tomar la decisión que sea mejor para ti.

4. Tu nuevo amigo felino no debe considerarse un "sustituto". Sustituir una relación puede ser un proceso difícil, ya que los recuerdos y experiencias con tu anterior compañero serán diferentes. Este es un momento especial para los dos, y debes aprovecharlo al máximo.

5. Es importante conocer la opinión de todos los convivientes antes de acoger a otro gato. Presta especial atención a las necesidades y sentimientos de tus hijos. Pueden pensar que el nuevo miembro de la familia es un simple sustituto. Todos los miembros de la familia deben tener la oportunidad de llorar la muerte de su anterior amigo.

6. Si acoges a otro gato, es mejor ponerle un nombre distinto. ¿Puedes pensar en un nuevo nombre que refleje su personalidad y sus peculiaridades?

7. Esperar que tu nuevo animal de compañía tenga la misma personalidad que el anterior es una falta de respeto. Aprovecha su compañía, es un ser único con mucho amor

y felicidad que ofrecer. También alégrate de sus peculiaridades y diferencias, esto lo hace único.

8. Si tienes otros animales de compañía, piensa si disfrutarán o resentirán su nuevo compañero. También, es importante apoyarlos en su proceso de duelo.

Acoger un nuevo amigo depende de cómo te sientas, si crees que es buena idea, hazlo. Pero si solo lo quieres durante poco tiempo, por favor espera un tiempo hasta que te recuperes del dolor y la tristeza. Cuando mis clientes me dicen que han encontrado el gato perfecto, pero aún se preguntan si es el momento adecuado, les recuerdo que deben dar un paso atrás, respirar y confiar en lo que sienten en su corazón. Si tienen alguna duda, puede significar que aún no están preparados.

Por último, si no crees que estás preparado, siempre existe la opción de ser voluntario en una protectora local. Podrás pasar tiempo ayudando a animales que lo necesitan. Al compartir tu amor, te sentirás reconfortado y agradecido.

**Resumen del capítulo**

En este capítulo, has aprendido a identificar cuándo puedes estar preparado para acoger a otro compañero y a sentirte seguro de esta decisión. Has conocido la importancia de saber cómo están tus sentimientos de dolor y cómo pueden afectar a tu toma de decisiones. Además, te he dado ocho consejos que deberías tener en cuenta cuando adoptes un nuevo miembro de la familia. Nerea y Estefanía compartieron sus historias y cómo supieron cuándo fue el momento adecuado para albergar a otro compañero gatuno.

Las tres preguntas del siguiente apartado te ayudarán a saber cuándo estás preparado para traer a otro peludo a casa. En el próximo capítulo, conocerás distintas formas de conmemorar el tiempo que pasaste con tu querido amigo.

**Reflexiona**

1. ¿Quieres acoger a otro gato? Si es así, enumera las razones de por qué quieres acoger a otro peludo. Después de hacer esto, ¿crees que estás preparado?

2. Si no estás preparado, ¿puedes enumerar las razones de por qué no lo estás? ¿Puedes cambiar esas razones por afirmaciones positivas que te ayuden a procesar tu dolor?

3. ¿Crees que tu nuevo compañero te recordará al anterior? ¿Adoptarás o comprarás un nuevo peludo?

11

# La importancia del luto

El duelo es una reacción natural que experimentamos tras una muerte. Nos afectará emocionalmente, físicamente, socialmente, conductualmente y espiritualmente. Genera conmoción, desconcierto, ira, depresión, ansiedad, preocupación y muchos otros sentimientos que aparecen y luego desaparecen. Si sientes el dolor y aceptas que es algo natural, con el tiempo se atenuará.

La tristeza y el profundo dolor son mecanismos de la mente y el cuerpo para sobrellevar un acontecimiento tan impactante. Se necesita tiempo para procesar el duelo, por lo que debemos tener paciencia.

Por un lado, si el fallecimiento de tu peludo fue repentino o inesperado, puedes durar bastante tiempo en procesar y entender plenamente lo sucedido.

Por otro lado, si estaba enfermo antes de morir y la muerte fue anticipada, tu duelo será diferente. La pérdida de tu amado compañero felino supone la pérdida de un ser querido y de una parte de tu vida.

El luto es nuestra manera de expresar el duelo. Es importante sentir los sentimientos que vienen con este proceso. Además, es importante expresarlos y llorar sin sentir vergüenza.

### Análisis de un caso real - *Jaime y Lola*

Jaime me informó que no quería seguir sintiendo el dolor y la tristeza que sentía por la pérdida de su gata, Lola. Trató de ignorar dichos sentimientos, con la esperanza de que simplemente desaparecerán tras unos días, pero al reprimirlos, empezaron a surgir en momentos inesperados. Con el tiempo, llegó a entender que necesitaba expresar estos sentimientos y no reprimirlos.

También, se dio cuenta de que era importante sentir sus emociones y hablar de ellas con los demás. Buscó un grupo de apoyo y compartió sus sentimientos abiertamente y sin reservas. Se sorprendió al ver que se sentía mucho mejor tras asistir a unas sesiones con el grupo de apoyo.

Me informó que quería sentirse mejor rápidamente. Comprendió que habrá momentos en los que sentirá tristeza y dolor. Pero, con el tiempo, estos sentimientos irán cambiando, ahora podría afrontarlos de una forma más sana.

## Por qué el luto es tan importante

Cuando, por desgracia, experimentamos una pérdida, iniciamos un proceso natural que nos ayuda a sobrellevar este terrible vacío que estamos sintiendo en nuestro interior. El luto es la expresión externa de nuestro dolor. Al sentir este dolor, obtenemos un entendimiento más profundo de cómo nos ha impactado la pérdida.

A veces recordarás los momentos que compartiste con tu querido compañero. Llegarás a comprender lo profundo que era el afecto y el amor que sentías por él. Recordar a los seres queridos que hemos perdido, expresar nuestros sentimientos y ser capaces de hablar con los demás ayudará nuestro proceso de duelo.

Aunque este momento puede ser increíblemente devastador, es una oportunidad para descubrir más sobre tu propia identidad. Los gatos son maestros hábiles y quizá sea el momento de reflexionar sobre las lecciones que nos han enseñado.

El duelo es un proceso difícil, pero puede ayudarte a comprender mejor lo que has perdido, lo que has aprendido y la mejor manera de seguir adelante. Tu gato te era fiel, y tú le eras fiel a él. Es completamente normal llorar la pérdida de un vínculo tan importante.

**Resumen del capítulo**

En este capítulo, has aprendido porque el luto es importante. Aunque puede durar bastante tiempo, la expresión externa de tu dolor será una herramienta de aprendizaje inestimable y un momento sagrado. El duelo es en realidad un medio para sanar tu dolor.

**Reflexiona**

1. Tanto el duelo como el luto son importantes y valiosos para curar el dolor de perder a tu fiel compañero. Usando los capítulos anteriores como guía, ¿qué estás experimen-

tando en tu proceso de duelo? ¿Estás listo para empezar tu luto? ¿Si es así, cómo? ¿Si no, qué te está deteniendo?

2. ¿Cómo crees que el luto puede sanarte físicamente, mentalmente y espiritualmente?

# 12

# Conmemorando la vida de tu peludo

Muchas personas suelen confundir el duelo y el luto. El duelo es el proceso natural y necesario para la adaptación a la pérdida de un ser querido. Mientras que el luto es la forma en que se expresa el duelo públicamente. Expresar tu dolor y llorar la muerte de tu peludo es un paso vital para recuperarte de esta experiencia tan traumática. El luto puede ser una forma saludable de despedirte de tu fiel amigo y de honrar la vida que compartisteis juntos.

En este capítulo, conocerás diferentes formas de conmemorar su vida mediante un funeral para mascotas u otro tipo de acto conmemorativo. Si estás preparado para algo diferente, pero profundamente beneficioso para tu corazón y tu alma, entonces compartiré contigo, en este capítulo, formas en las que puedes respetar y honrar la vida de tu peludo.

Puesto que eres una persona muy especial que quiere conmemorar la vida de su animal de compañía, recuerda que si alguien te dice que es un poco extraño hacer un funeral para tu compañero o hacer una ceremonia de despedida - ¡NO LE HAGAS CASO!

El luto es un paso importante para superar el duelo. Explorando las opciones de este capítulo, podrás rendir homenaje a tu animal de compañía de una forma respetuosa, honrosa y solemne. Gracias por honrarlo con una celebración conmemorativa. Este momento especial juntos es muy importante para muchas personas, mientras que, además, te da la oportunidad de hacer una despedida personal.

**Análisis de un caso real - *Laura, Manuel y Max***

# ¿Y AHORA QUÉ?

Laura y Manuel son amigos míos que estaban sufriendo bastante tras la pérdida de su querido compañero gatuno, Max, que murió a los 22 años. Max había sido miembro de la familia desde que Laura y Manuel se casaron. También, había formado parte de la vida de sus tres hijos desde su nacimiento. Toda la familia estaba profundamente afligida. Se mostraron un poco reservados cuando les sugerí que hicieran una ceremonia privada en honor a Max. Pero, después de unas semanas, les pareció una buena idea. El evento fue una forma maravillosa de recordar a su muy querido y adorado miembro de la familia. Laura hizo un elogio muy conmovedor que reflejaba todos los momentos maravillosos que Max había compartido con ellos. Se celebró una pequeña, privada y hermosa ceremonia en su honor, la cual se hizo con mucho respeto y compasión. Laura y Manuel siempre recordarán esta ceremonia. Manuel después me comentó que fue un día cálido y soleado, como le gustaba a Max.

Me pidieron que leyera el elogio, quedó claro que Laura, Manuel y sus tres hijos mayores habían tenido un vínculo muy cercano con Max. Fue un momento muy conmovedor, en el cual la familia mostró todo el amor y apego que tenían por su animal de compañía.

Me gustaría compartir con vosotros el elogio que se escribió en honor a Max.

## Elogio para Max

*Buenas tardes a todos. Como ustedes ya saben, Max era cariñoso y leal. Le dio a Laura, Manuel y sus hijos muchos años de amistad y alegría. Me han pedido que comparta con ustedes algunas historias para recordarlo.*

*Cuando Max llegó a casa de Laura y Manuel, era un gatito juguetón, que había que vigilar constantemente, ya que siempre hacía travesuras. Era aventurero y curioso, por lo que hubo que rescatarlo en algunas situaciones. Lo bajaron de las cortinas en dos ocasiones y lo desenredaron de un ovillo que había encontrado en la cocina. Siempre que estaba en compañía de Laura y Manuel se sentía muy bien, y le encantaba sentarse en su regazo y ronronear felizmente. Les seguía por toda la casa y a menudo intentaba participar en lo que hacían, ya fuera cocinar, limpiar o simplemente relajarse con un café matutino.*

*Cuando llegaban los niños, intentaba sentarse también en su regazo y ronroneaba con alegría y satisfacción. Era muy cuidadoso con los niños cuando eran pequeños, parecía en-*

*tender que eran bebés y que había que tratarlos con pre-caución, pero obviamente estaba encantado cuando llegaban a una edad en la que podían jugar con él. Le encantaba perseguir a los niños por toda la casa y darles un toque para llamar su atención si estaban intentando leer o ver la televisión.*

*Max tampoco era tímido con las visitas, ya que esperaba a que se tranquilizaran y saltaba a su regazo para ronronear con fuerza y satisfacción y frotar su cabeza contra su barriga. Los visitantes de la casa siempre recordarán a Max como un gato muy amigable. Le encantaba la compañía de la familia y los amigos. Laura y Manuel sabían que era el amor incondicional que un gato siente por su familia y amigos.*

*Gracias, Max, por estar ahí para Laura, Manuel y sus hijos, y por ser el compañero más adorado de esta familia. Gracias por hacer que sus amigos se sintieran tan bienvenidos cada vez que los visitaban. Todos fuimos bendecidos por haberte conocido y al estar en tu compañía*

*Siempre vivirás en los corazones de aquellos que tocaste. Nunca se perderá lo amado.*

Después de la ceremonia, Manuel me dijo: "Ha sido una tarde preciosa. Estoy muy contento de que hayamos hecho esto por Max. Pude sentir su presencia mientras leías el elogio. Sé que va a ser doloroso a veces, pero ahora tengo este hermoso recuerdo de haber celebrado la vida que compartimos con él."

Una ceremonia como esta puede ayudar a aliviar la profunda tristeza que genera el duelo. La pérdida de un compañero tan valioso será un periodo doloroso, pero tener este hermoso recuerdo puede ayudar a calmar el dolor, mientras te curas de la terrible herida que la pérdida ha dejado en tu corazón.

**Distintos tipos de actos conmemorativos**

Hay muchas maneras de conmemorar la vida de tu peludo. Aquí menciono algunos ejemplos:

**Funerales para mascotas:** Estos funerales son cada vez más comunes. Hacer un servicio funerario te permite compartir un último momento con tu fiel amigo y proporciona una oportunidad única para honrarlo. Hay muchos cementerios de mascotas que, si la normativa local lo permite, ofrecen servicios funerarios al aire libre y en interiores. Puedes invitar a quien quieras a estos servicios. Todas las personas que respeten a tu animal de compañía, respeten tu pérdida y entiendan el vínculo especial que compartisteis serán bienvenidas. Estos servicios pueden incluir música y una celebración después del servicio, dando tiempo a que otros compartan sus sentimientos sobre tu compañero felino.

**Un servicio conmemorativo:** Puedes considerar hacer un servicio conmemorativo, como Laura y Manuel. Se trata de un evento que tiene lugar después de la muerte, pero el cuerpo o los restos no están presentes. Puedes elegir cuándo y dónde se celebra. Un servicio conmemorativo se puede hacer en cualquier momento. Te ayudará a recordar y celebrar la vida de tu peludo. Por lo general, el ambiente es más positivo y optimista que en un servicio funerario. El servicio puede ser como tú quieras, pequeño y privado o tan abierto y amplio como desees. Sin embargo, recuerda que un servicio que se celebra más cerca del momento en que se produjo la pérdida se siente más profundamente, y es más probable que te ayude a ti y a tu familia a expresar y procesar el duelo.

**Recordatorios de tu animal de compañía:** Estos recordatorios pueden ser aniversarios u ocasiones especiales que compartiste con tu peludo. Cada año, puedes celebrar su cumpleaños con una fiesta. También puedes visitar su tumba para dejarle su juguete favorito o puedes visitar un lugar especial en el que hayáis disfrutado juntos.

Por último, muchas personas que optan por la incineración también hacen un servicio conmemorativo que incluye el esparcimiento de las cenizas en un lugar especial. Muchas veces también se incluye un elogio, así como una celebración con comida. Este servicio es como un funeral, el cual refleja la relación especial que tuvisteis.

**Expresar tu dolor públicamente**

He asistido a varios funerales de mascotas y servicios conmemorativos, aquí he visto la cantidad de amor que tienen las familias por sus compañeros. Aunque hay mucha tristeza y dolor, también hay momentos de increíble riqueza emocional al celebrar la vida de su amigo.

En el arduo camino hacia la superación del duelo, un funeral para mascotas, un servicio conmemorativo o un recuerdo pueden ofrecer la oportunidad de que los amigos y los familiares compartan sus pensamientos, experiencias y sentimientos, y crear un espacio para que cada persona reconozca, reflexione y honre el increíble papel que un ser tan maravilloso ha desempeñado en su vida.

**Aspectos importantes que hay que tener en cuenta al planificar un servicio**

Toma el tiempo necesario para planificar lo que te gustaría hacer. Puedes pedir la ayuda a un familiar o a un amigo si lo necesitas.

Puedes elegir hacer un funeral, un servicio conmemorativo o ambos.

Dependiendo de tus creencias religiosas, tradiciones culturales y rituales, es posible que quieras incluir aspectos religiosos y culturales en el servicio.

¿Te gustaría compartir algunos recuerdos de tu compañero con tu familia y amigos?

¿Quién puede ayudarte a organizar un servicio especial para conmemorar la vida de tu peludo?

¿Quién hablará, dónde se celebrará y a quién se invitará?

Si puedes, pregúntale a un empleado de un cementerio de mascotas o de un crematorio, sobre cómo se hicieron ceremonias anteriores.

Averigua qué han hecho otras personas en duelo para honrar a sus compañeros. Considera cómo puedes adaptar sus ideas en el servicio.

**Resumen del capítulo**

Has visto por qué es importante conmemorar la vida de tu peludo con un funeral, servicio conmemorativo o recuerdo. Además, te he proporcionado algunos consejos útiles para planificar su despedida. Con las preguntas del siguiente apartado, podrás crear un funeral personalizado que honre la vida de tu peludo. En el siguiente capítulo, aprenderás un ejercicio hermoso y sanador: escribir una carta de amor, el cual te ayudará a mantenerlo en tu corazón y alma.

**Reflexiona**

1. ¿Cómo te gustaría celebrar la vida de tu compañero, con un funeral, una conmemoración y/o un recuerdo?

2. ¿Invitarías a otras personas? Si es así, haz una lista de las personas que invitarías. Piensa si quieres pedirle a alguien que hable.

3. ¿Vas a escribir un elogio? Si es así, ¿qué quieres incluir en este escrito?

# 13

# ¿Por qué escribir una carta de amor?

Una de las tareas más importantes que les sugiero a mis clientes, es escribir una carta de amor, en la cual expresen cuánto quieren y echan de menos a su peludo. Es una forma muy especial de curar su dolor y es otra manera de expresar su amor.

Escribir una carta es una forma de expresar tus sentimientos, recuerdos y gratitud por todos los momentos que compartiste con tu amado compañero. No importa la cantidad de tiempo que haya pasado tras la muerte, escribir una carta de amor es una manera maravillosa de ayudarte a superar el duelo.

Puede ser una experiencia increíblemente profunda simplemente escribir una carta sincera en la que expreses tu amor. Al escribir esta carta, profundizas el vínculo con tu peludo y expresas lo importante que es este vínculo. Si no sabes por dónde empezar, no te preocupes, puedo ayudarte.

**Análisis de un caso real -** *Beatriz y Clara*

Beatriz descubrió que escribirle cartas de amor a su gata, Clara, era una manera terapéutica de expresar su amor por ella. Hablar sobre sus sentimientos la ayudó a sanar su dolor.

Beatriz sintió un gran consuelo al escribir sus pensamientos y expresar su amor y tristeza. Al escribirle cartas a Clara, pudo recordar los buenos momentos que tuvo con ella. Después de aprender mucho sobre sí misma, se dio cuenta cómo Clara le había dado muchos regalos de amor.

### Carta de amor de Beatriz a Clara

*Atesoro todos esos momentos en los que me hiciste tan feliz. Estoy tan agradecida por la cantidad de veces que llegué a casa después de un día difícil, y estabas tan feliz de verme sin que importara mi estado de ánimo.*

*Un cuerpo tan pequeño guardaba un alma tan grande. No puedo expresar con palabras cuánto aprecio tu ayuda, cariño y amor incondicional. Te respeto, amo y, sobre todo, te extraño. Estoy muy agradecida por el tiempo que pasamos juntas. Atesoraré cada recuerdo que tengo con profundo cariño y gratitud.*

*Espero que nuestras almas se vuelvan a encontrar algún día. Te extraño tanto.*

*Extraño tu presencia, saber que estás cerca, en la casa o en el jardín. Extraño tocarte, tu olor, cómo te sentabas y caminabas, cómo te dabas la vuelta y ofrecías tu barriga. Extraño peinarte con tus cepillos favoritos. Sabías que eras amada. Extraño verte mientras dormías, parecías una bola peluda, tu cuerpo expandiéndose y contrayéndose suavemente mientras respirabas. Extraño verte levantar las patas delanteras en el aire justo antes de que cogieras uno de tus juguetes. Extraño ver tus ojos siguiéndome mientras caminabas de un lado a otro. ¡Te extraño tanto!*

Beatriz se dio cuenta de que esta es una forma poderosa y terapéutica de procesar su dolor. Leía su carta en voz alta sola y descubrió que esto la ayudó a superar cualquier sentimiento de culpa o negación sobre la muerte de su peluda.

**Preguntas para ayudarte a escribir tu carta de amor**

Cuando ayudo a una persona a superar el duelo, muchas veces le planteo preguntas que le ayudan a elegir una forma única de celebrar la vida de su compañero. Estas preguntas sirven de apoyo, ya que ayudan a descifrar y aclarar los sentimientos de compasión y amor que siente por su peludo.

Antes de responder a las siguientes preguntas ten preparado algo para que escribas las respuestas. Puedes utilizar un diario especial, tu computador, portátil, teléfono, tableta o simplemente un trozo de papel. Sea cual sea tu elección, asegúrate de guardar todas tus respuestas en un mismo lugar para que tengas todo listo para escribir tu carta de amor.

1. Describe tu reacción cuando trajiste a tu peludo a casa por primera vez. ¿Qué sucedió? ¿Cómo te sentiste?

2. Haz una lista de todos los momentos que habéis compartido. Ahora recuerda cómo era el día en el ocurrieron estos recuerdos. ¿Estaba lloviendo, o estaba soleado? ¿En qué lugar ocurrió? ¿Cuántos años tenías cuando ocurrió? ¿Qué estabais haciendo? ¿Hay algo que has olvidado y luego has vuelto a recordar?

3. ¿Cuál fue el mayor regalo que te hizo tu querido compañero?

4. ¿Tienes algún sentimiento de culpa o pena por algo que hayas hecho o dejado de hacer por tu peludo?

5. Si la respuesta a la pregunta anterior es afirmativa, ¿cómo le pedirías disculpas?

No es necesario que respondas a todas estas preguntas de inmediato. De hecho, podrías dedicar una carta a cada una. Cuando respondas, ten en cuenta que nadie más va a leer lo que has escrito. Escribe lo que se te ocurra sin cambiarlo por pena que lo vaya a leer otra persona. La parte más importante de este ejercicio es escribir sobre tus sentimientos para que estés preparado para escribir tu carta de amor con tranquilidad.

Después de responder a todas las preguntas anteriores y tal vez a algunas que te hayas planteado tú mismo, deja lo que has escrito durante unos días, ya que puedes descubrir que has olvidado algo y ahora quieres añadirlo. Por ejemplo, puede que te acuerdes de un recuerdo sobre el que quieres escribir o mencionar.

Ten en cuenta que esta carta no tiene que ser perfecta. Puedes escribir tantas cartas como quieras. A tu peludo no le importará si has escrito algo mal o si una oración no está completa.

No hay un tiempo mínimo requerido para hacer este ejercicio. Si la muerte ocurrió hace poco o han pasado meses o incluso años desde que ocurrió, escribirle una carta de amor en cualquier momento es extremadamente útil para procesar tu dolor.

Muchos de mis clientes siguen escribiendo cartas, y con cada una aprenden algo nuevo sobre su relación y sobre ellos mismos.

**Manos a la obra**

Ahora que ya sabes lo que quieres escribir, es momento de redactar tu carta. Coloca la fecha en la parte superior de la misma. Es importante hacer esto porque en algún momento, ya sea dentro de meses o años, es probable que te encuentres con esta carta, y seguramente vas a querer saber cómo te sentías en este momento.

Te recomiendo que empieces la carta con "Querido [nombre de tu animal de compañía]". Te recomiendo que empieces la carta con su nombre en lugar de un apodo, porque utilizar su nombre te permite mantener una conversación respetuosa. Siempre puedes incluir cualquier apodo en el cuerpo de la carta.

A continuación, empieza a contarle todas las cosas que has pensado y anotado en respuesta a las preguntas. Si te resulta difícil escribir sólo una carta, haz todas las que necesites.

Puedes dedicarle la cantidad de tiempo que quieras. Algunos de mis clientes dedican unos minutos cada día durante unos días, mientras que otros escriben su carta en una sola sesión. No importa cómo lo hagas, simplemente escríbela. Te alegrarás de haberlo hecho. Una vez escrita, ve a un lugar especial donde te sientas cómodo. Puede ser un lugar especial que tú y tu fiel amigo hayáis compartido, por ejemplo, en el cementerio de mascotas donde está enterrado o cualquier otro lugar. Te sugiero que lo hagas a solas para que puedas prestar toda tu atención a tu dolor, tristeza y a tu carta sin preocuparte de lo opinión de otras personas

No importa lo que piensen los demás. Si lloras, recuerda que estás pasando por un momento difícil. El objetivo principal de este libro es apoyarte para que no te sientas raro, loco o aislado por llorar la pérdida de tu compañero gatuno.

## Sugerencias para un diario

Si crees que te gustaría escribir sobre tus sentimientos en un diario o en un cuaderno, las siguientes sugerencias te ayudarán:

*Mi recuerdo favorito es...*

*Un olor que me recuerda a ti es...*

*Hoy siento...*

*Si tuviera que describirte en 10 palabras, diría ...*

*La parte más difícil del día es ...*

*Cómo he cambiado al perderte ...*

*Lo que más me cuesta sobrellevar es ...*

*Una cita que me hace pensar en ti es ...*

*Tenías una manera de hacerme sentir ...*

*Hoy he recordado ...*

*Cuando pienso en ti, yo ...*

*Si estuvieras aquí ahora, yo ...*

*Mi vida sin ti es ...*

*Esta es una razón de por qué mi vida es mejor gracias a nuestro tiempo juntos ...*

*Esto es algo que hago para honrarte ...*

*Lo que más me gustaba hacer contigo era ...*

*Una forma creativa de recordarte es ...*

*Lo más importante que me has enseñado es...*

## Resumen del capítulo

En este capítulo, hemos explorado la relación única que tenías con tu animal de compañía y los beneficios de escribirle una carta de amor. Además, hemos hablado sobre la importancia de esta relación en nuestra vida.

Escríbele una carta con todo tu amor y aprecio. A continuación, ve a un lugar especial cuando la leas en voz alta. Por último, intenta alegrarte por lo bien que estás afrontando el duelo.

Las preguntas del siguiente apartado seguirán guiándote sobre cómo deberías escribir y leer la carta. Después de estas tres preguntas hay una lista de preguntas que pueden ayudarte si decides llevar un diario sobre tus sentimientos. Tener un diario es diferente a escribir una carta, ya que estás escribiendo solamente sobre cómo te sientes.

Por último, te recomiendo encarecidamente que escribas una o varias cartas. Pero, es decisión tuya llevar un diario o una agenda. Para algunas personas es esencial escribir un diario y para otras no, sin embargo, todas las personas con quien he hablado me han informado que al escribir una carta se sintieron mucho mejor.

En el próximo capítulo, voy a explicar qué puedes esperar tras la pérdida de tu peludo. Asimismo, vamos a hablar sobre cómo puedes planificar tu vida.

**Reflexiona**

1. ¿De qué manera crees que escribir una carta te ayudará a superar el duelo?

2. ¿De qué manera te sientes feliz cuando escribes los recuerdos que compartiste con tu compañero?

3. Ahora que has escrito y leído la carta, ¿cómo te sientes ahora? Escríbelo, para que puedas reflexionar sobre este cambio.

# 14

# Aceptando tu nueva normalidad

En este capítulo, aprenderás a adaptarte a tu nueva normalidad. Este período puede ser difícil para algunas personas.

¿Cuál es tu "nueva normalidad"? Es tu vida después de la pérdida de tu animal de compañía. Además, es lo que tú eres ahora, sin tu compañero: tus pensamientos, tus decisiones, tus sentimientos y los cambios que se han producido en tu forma de ver el mundo.

En seguida analizaremos lo que puedes esperar tras la pérdida. Compartiré algunos ejemplos de cómo tu vida puede cambiar y cómo puedes adaptarte a estos cambios.

### Análisis de un caso real - *Carmen y Romeo*

Carmen estaba profundamente afectada por la muerte de Romeo. Le costó mucho aceptar su muerte. Romeo era la luz en su vida mientras estaba pasando por un momento difícil tras su divorcio. Todos los días, Carmen trabajaba en su computador y Romeo siempre se sentaba a su lado, ronroneando y moviendo su cola. Incluso cuando Carmen realizaba las tareas domésticas, su gatito siempre estaba a su lado. Ella se sintió completamente perdida sin él. Me informó que estaba harta de que la gente le dijera que llevaba demasiado tiempo triste y que tenía que seguir adelante y olvidarse de su fiel compañero. No entendían que Carmen estaba profundamente afectada por la muerte de Romeo.

Después de varias sesiones de terapia, empezó, poco a poco, a adaptarse a su nueva normalidad. Le recomendé que siguiera los siguientes pasos para que empezara su proceso de adaptación. Puedes seguirlos si estás pasando por algo similar.

¿Y AHORA QUÉ?

## Cinco pasos hacia una nueva normalidad

### 1. *Tu nueva identidad*

Tras la muerte de tu peludo, tu vida cambiará, muchas veces estos cambios son inesperados. Cuando estabas en su presencia, fuiste una persona diferente. Te sentías más feliz. Ahora que ya no está, te sientes como una persona completamente diferente. Es posible que hayas perdido esa felicidad que tenías. No sabes qué hacer ahora. Era parte de tu vida, y, lamentablemente, la has perdido.

### 2. *Una nueva relación con tu peludo*

Dicen que la muerte acaba con una vida, pero no con una relación. Continuar una relación es una forma muy saludable de avanzar en el duelo, y hay muchas formas de hacerlo. La carta de amor, a la cual he dedicado un capítulo, te ayuda a crear y preservar una conexión profunda. Si creas una nueva identidad sin su presencia física, empezarás a tener una relación diferente con tu amigo gatuno, una que está basada en los recuerdos en lugar de una conexión física.

### 3. *Un nuevo grupo de amigos*

Muchas personas no entienden ni respetan el dolor y la tristeza que genera la muerte de un animal de compañía. Este puede ser un momento difícil para ti, ya que luchas por sobrellevar tu dolor. Puede que te sientas solo y aislado, y que te resulte difícil salir y socializar. Es importante encontrar personas que te apoyan. Puede ser difícil hacer nuevos amigos durante esta fase, pero merece la pena intentarlo.

4. *Un nuevo sentido de propósito*

Muchos de mis clientes dudan sobre su propósito en la vida. Carmen se entristeció profundamente cuando murió Romeo. Pasó mucho tiempo afligida y reflexionando sobre los buenos momentos que pasaron juntos. Decidió mantener viva la memoria de Romeo, escribiéndole cartas y honrando su memoria con una vela perfumada junto al computador donde Romeo se sentaba.

Tu compañero gatuno marcó una gran diferencia en tu vida, ahora sin que esté a tu lado, puede que no estés tan feliz como antes. Te daba compañía y amor. Contribuyó a tu rutina diaria y también desempeñó un papel crucial en la transformación de tu hogar en un lugar cómodo y especial.

Ahora que has perdido tu animal de compañía, puede que te estés preguntando qué sentido tiene la vida. Algunas personas encuentran un nuevo propósito en su vida y hacen cambios significativos. Algunos deciden trabajar como voluntarios en protectoras locales, otros crean sus propios grupos de rescate o ayudan en programas de acogida.

5. *Celebrando tu crecimiento*

La pérdida de tu peludo fue un hecho natural. El duelo suele considerarse una reacción indeseada ante una muerte. Sin embargo, el proceso de duelo también puede ser una valiosa oportunidad para el crecimiento personal. Este tipo de luto puede ayudarte a sanar tu dolor.

Cuando celebres todo lo que hiciste con tu animal de compañía, puedes ver cuánto has crecido como persona. También puedes darte cuenta de la profundidad de vuestra relación.

Algunas personas aprenden a ser más sensibles con otras personas que pasan por situaciones similares, al pasar ellos mismos por el dolor que genera la pérdida de un amigo tan íntimo.

Otros deciden ayudar a otros animales necesitados adoptándolos, ofreciendo su tiempo para hacer voluntariados y donando dinero.

Algunas personas aprenden a apreciar los regalos que han recibido de sus gatos y viven sus vidas de otra manera.

Al seguir estos cinco pasos, Carmen descubrió una forma diferente de afrontar su duelo. Esto cambió el rumbo de su vida. Con el tiempo, empezó a sentirse más segura con sus inesperados sentimientos de alegría, y comenzó a comprometerse más con la vida.

¿Desapareció por completo el dolor que sentía Carmen? No, pero cambió, ya no era tan intenso.

Carmen me dijo que Romeo había sido fundamental en su vida, especialmente en momentos tan difíciles como en su divorcio. Él era lo que le daba felicidad, cuando murió, ella sintió un vacío enorme. Sin embargo, al seguir los cinco pasos, Carmen fue capaz de darse cuenta de que lo que sentía era normal y que con el tiempo su dolor no sería tan intenso.

Su experiencia le ayudó a comprender la importancia de saber qué iba a ocurrir. Le ayudó a recordar que su proceso de duelo es único y que no hay una sola manera de afrontarlo. Sabiendo esto, fue capaz de continuar su proceso de superación.

**Ocurrencias poderosas e inesperadas**

Después de la muerte de tu compañero felino, pueden ocurrir ciertos imprevistos. Por ejemplo, es posible que:

1. Ocurran algunos cambios inesperados en tu vida.

2. Tengas un momento en el que sientas el impacto total de la pérdida.

3. Descubras formas de redefinir tu relación con tu peludo.

4. Encuentres nuevas formas de crecimiento personal.

5. Sientas alegría al recordar los recuerdos que compartiste con tu querido amigo felino.

Recuerda que este puede ser un período muy difícil. El dolor puede ser intenso, y puedes empezar a sentir emociones incómodas como la tristeza, la ansiedad, la ira o, incluso, la culpa.

**El empezar de tu nueva normalidad**

Durante este período, comenzarás a darte cuenta que ha comenzado tu nueva normalidad. Por lo general, este período se caracteriza por nuevos pensamientos, decisiones y cambios en tu perspectiva.

Es posible que pases tiempo con nuevos amigos, que vivas aventuras diferentes o que hagas cosas que siempre has querido hacer pero que nunca has hecho.

Puede que quieras conseguir otro gato o trabajar como voluntario en una protectora.

Incluso puedes sentir alivio por su muerte. Esta es una reacción muy común si estaba sufriendo en sus últimos momentos.

Si murió de forma repentina o inesperada, puede que tu duelo sea completamente diferente. Debes tener paciencia, ya que este tipo de trauma tarda en procesarse, y puede que aún no estés preparado para comenzar tu nueva normalidad.

Generalmente, no habrá un plazo predeterminado para experimentar el dolor y la tristeza, hasta es posible que no tengas ninguno de estos sentimientos. Además, es posible que estés completamente anestesiado por tu pérdida.

La relación que tuviste con tu peludo era especial, y esto nunca cambiará. Vivirá en tu corazón para siempre. Fue una bendición tenerlo.

Los recuerdos nunca desaparecerán. Estas imágenes forman parte de tu identidad, y contribuyen a tu forma de ver la vida y la muerte.

Merece la pena recordar que esto no significa que tu duelo vaya a cambiar rápidamente durante los días, semanas, meses o incluso años posteriores a la muerte. Tampoco significa que se vaya a desarrollar una nueva normalidad de inmediato. Puede durar bastante tiempo en desarrollarse.

Otro sentimiento que puedes empezar a experimentar es la alegría. Esto no significa que dejarás de sentir dolor. Solo significa que empezarás a sentir un cambio en cómo lo sientes.

Cuando empiece tu nueva normalidad, podrás seguir reconociendo y honrando tu dolor, que seguramente resurgirá. En eso consiste el duelo: tiene vida propia. Sin embargo, durante esta etapa, podrás reconocer y celebrar tu crecimiento y tus logros.

No importa cuál sea tu experiencia durante este tiempo, sigue creyendo en ti mismo y crece con compasión. Tu duelo es algo personal. Seguirá cambiando con el tiempo, así que reflexiona sobre lo que estás viviendo.

**Resumen del capítulo**

Tu nueva normalidad forma parte del proceso de duelo. Hacer algunos cambios y sentir una relación distinta con tu amigo felino, nunca quitará el vínculo que compartías con él cuando estaba vivo.

Por favor, revisa los cinco pasos mencionados previamente en este capítulo, con el fin de que te ayuden a afrontar su ausencia. Cada vez que los revises, aprenderás, procesarás y comprenderás algo nuevo.

También, cabe mencionar que es normal a veces sentirse fuera de lugar y estar confundido o frustrado.

Por último, utiliza las preguntas del siguiente apartado para ayudarte a estar preparado para tu nueva normalidad y para entender las acciones que puedes llevar a cabo para ayudarte a superar el duelo por la pérdida de tu animal de compañía.

**Reflexiona**

1. Has aprendido algunas de las formas en las que cambiará tu vida tras la muerte de tu compañero (tu nueva normalidad). ¿Qué cambios has experimentado? ¿Qué está ocurriendo en esta etapa de tu vida?

2. ¿Te sientes feliz por las lecciones que has aprendido al compartir tu vida con tu compañero felino?

3. ¿Cómo puedes asegurarte de que vas a recibir el apoyo que necesitas al comenzar tu nueva normalidad?

# 15

# Los beneficios psicológicos de escribir un diario de duelo

Escribir un diario de duelo es un método muy eficaz de afrontar el duelo. Por un lado, te ofrece una forma sencilla de afrontarlo que solo requiere un bolígrafo y un papel (o un ordenador o una tableta). Por otro lado, llevar un diario de duelo tiene muchos beneficios psicológicos y físicos.

# ¿Y AHORA QUÉ?

Sin embargo, esta es una actividad infrautilizada. Muchas personas que les gustaría escribir un diario no lo hacen porque no saben cómo hacerlo o están muy ocupados.

Comprometerse con una actividad que hay que hacer frecuentemente puede ser difícil, ya sea escribir, hacer ejercicio, meditar, estudiar, etc.

Estas rutinas requieren motivación, energía y dedicación, que, por lo general, faltan durante el duelo. Además, escribir sobre vivencias dolorosas puede ser una actividad abrumadora. Pero, si regularmente se hacen prácticas positivas como llevar un diario, la motivación, la perspectiva y el bienestar mejorarán con el tiempo.

Escribir tiene un valor terapéutico evidente, pero puede ser un reto integrar esta práctica en tu vida diaria. Así que, para ayudarte a integrarla, vas a ver por qué puede ser tan beneficiosa y por qué merece la pena dedicarle tiempo y esfuerzo.

## Escribir sobre nuestras emociones ayuda a curar heridas emocionales

Escribir sobre el duelo hará que analices tus recuerdos y vivencias relacionadas con la pérdida, en lugar de evitarlas.

Cuando hablamos de evitación en relación con el duelo, solemos referirnos a lo que se denomina evitación experiencial. La evitación experiencial es el intento de bloquear, reducir o cambiar pensamientos, emociones o sensaciones corporales desagradables.

Las personas que están en duelo suelen afrontar recuerdos traumáticos y experimentar emociones dolorosas. Por estas razones, no es de extrañar que muchas personas decidan evitar los desencadenantes relacionados con la pérdida: personas, lugares y cosas, en un intento de lograr una apariencia de "normalidad".

La evitación puede ser útil si solamente se hace pocas veces, ya que te da un descanso de tu dolor. Pero, si evitas frecuentemente recuerdos o emociones, con el tiempo, pueden surgir problemas de salud. Los recuerdos y las emociones dolorosas no suelen desaparecer por sí solos. Por lo tanto, si los evitas de forma continuada, no desaparecerán con el tiempo, y nunca aprenderás a afrontarlos.

Es posible que haya ciertos recuerdos y emociones que nunca desaparezcan, debido a esto, es importante aprender a funcionar de forma saludable con el dolor.

¿Y AHORA QUÉ?

## Los beneficios de escribir un diario para la salud física

Una investigación científica llevada a cabo por James W. Pennebaker y Joshua M. Smyth, ha descubierto que escribir sobre vivencias difíciles y traumáticas, ayuda a "liberar" estas vivencias. Observaron que sus participantes experimentaron cambios en su estilo de escritura, en su voz y en su ritmo al dejar salir detalles intensos sobre sus experiencias difíciles o traumáticas.

Pero, además, cuando investigaron las implicaciones fisiológicas, descubrieron algo muy interesante. Cuando los participantes escribían sobre su dolor o trauma, sus respuestas físicas al estrés (procesos como el ritmo cardíaco y la presión sanguínea) aumentaron considerablemente, pero, cuando midieron sus respuestas al estrés después de que los participantes terminaran de escribir, observaron que habían bajado a niveles más bajos, incluso más bajos que cuando comenzaron el estudio.

Estos resultados se han reproducido en otros estudios de seguimiento. En un estudio se crearon dos grupos de pacientes que habían sufrido un ataque cardíaco: el primer grupo escribió sus pensamientos y sentimientos sobre el ataque cardíaco y el segundo grupo escribió sobre otros temas.

El primer grupo necesitó menos medicamentos, tuvo menos síntomas cardíacos y una presión arterial diastólica más baja que el segundo grupo, y esto continuó de esta manera durante los siguientes cinco meses.

En otro estudio se trabajó con personas con asma o artritis reumatoide que se dividieron en dos grupos. Al primer grupo se le pidió que escribiera sobre la vivencia más traumática de su vida y al segundo grupo que escribiera sobre algo neutral y benigno. Los resultados fueron bastante sorprendentes. En el primer grupo, los participantes que tenían asma presentaron mejoras evidentes en su función pulmonar y los que tenían artritis mostraron mejoras significativas en la salud de sus articulaciones, mientras que los participantes del segundo grupo no experimentaron estos beneficios.

El aspecto más interesante de estos estudios fueron las mejoras tan drásticas. Las personas que participaron en estos estudios científicos, mostraron mejoras funcionales similares a las de tomar un medicamento nuevo. Estudios como estos se han repetido con personas que padecen otras enfermedades, y han tenido resultados similares.

## Los beneficios de escribir un diario para la salud psicológica

Las investigaciones realizadas sobre los beneficios de la escritura para la salud mental también confirman que escribir tiene beneficios. Por ejemplo, se ha comprobado que reduce los síntomas de la depresión y la ansiedad.

## Llevar un diario mejora la calidad del sueño

El duelo puede afectar el sueño. Algunas personas duermen demasiado, otras sienten que duermen muy poco y otras se quedan despiertas por la noche mirando al techo pensando en todos sus miedos, ansiedades, preocupaciones, tristezas y anhelos.

Las investigaciones han descubierto que escribir o hablar sobre las preocupaciones, inquietudes u otros pensamientos difíciles antes de irse a la cama, puede reducir este tipo de pensamientos negativos, ayudar a las personas a dormirse más rápidamente y mejorar la calidad de su sueño. También, una buena calidad del sueño mejora el funcionamiento general del cuerpo.

## Escribir es beneficioso para quienes buscan una forma distinta de afrontar el duelo

En los estudios científicos sobre el duelo y la escritura, los investigadores descubrieron inicialmente que escribir no parecía ayudar. No hacía ningún daño, pero tampoco era útil. Esto parecía extraño, dado que las investigaciones existentes indican que la escritura ayuda a quienes afrontan vivencias negativas o traumáticas.

Cuando los investigadores analizaron los datos con más detenimiento, descubrieron que los participantes en su estudio no habían buscado ayuda o apoyo para el duelo en el momento de su participación. Así que los investigadores realizaron nuevos estudios, pero esta vez con personas que buscaron apoyo para afrontar su duelo.

Los resultados de estos estudios mostraron que actividades como la escritura expresiva eran muy útiles para quienes estaban en duelo y buscaban formas distintas de afrontarlo.

Teniendo en cuenta los beneficios mencionados anteriormente, analicemos la escritura como una forma de afrontar el duelo.

# ¿Y AHORA QUÉ?

## La escritura y el proceso de duelo

Escribir puede ayudarnos en el proceso de duelo y en la curación de heridas emocionales. Esto se debe a que la escritura nos permite:

1. Expresar nuestras emociones de una manera sana y productiva.

2. Procesar nuestros pensamientos.

3. Examinar el impacto físico del dolor en nuestro cuerpo y nos ayuda a decidir qué hacer al respecto.

4. Manifestar y procesar nuestras preguntas y dudas espirituales en un entorno seguro.

5. Exteriorizar nuestras frustraciones de manera honesta.

6. Analizar y trabajar nuestros pensamientos y temores sobre el futuro.

Además, escribir puede convertirse en un hábito poderoso, que nos ayuda a afrontar las complicaciones de la vida.

Por último, escribir te puede dar esperanza, en un momento tan desesperanzador.

## Escribir sobre las emociones que genera el duelo

En este apartado vamos a analizar cómo las emociones más comunes que genera el duelo nos afectan, y luego se plantean algunas preguntas de reflexión, para que puedas escribir sobre dichas emociones.

### Las emociones abrumadoras

Después de una pérdida, solemos experimentar emociones poderosas. Pueden ser tan intensas que empiezan a dominar nuestras vidas y nuestras rutinas.

Estas emociones se abaten sobre nosotros como las olas del mar. Algunas olas son más pequeñas y nos golpean con menos fuerza. Mientras que otras son más grandes y nos golpean con bastante fuerza.

En nuestro mundo cotidiano, nuestro estado de ánimo es muy importante. Cómo nos sentimos en el momento presente tiende a determinar lo que hacemos y cómo. Tras una pérdida, las emociones se sienten con más fuerza. Además, las personas afligidas suelen sentirse agotadas emocionalmente.

### Pregunta de reflexión

# ¿Y AHORA QUÉ?

En una hoja de papel, en un diario o en tu teléfono, tableta u ordenador, haz una lista de los sentimientos y emociones que has experimentado. Entre todos los sentimientos y emociones que has anotado, ¿cuáles han sido han sido los más complicados de afrontar?

## La tristeza

La tristeza es la emoción más común en el duelo. Has sufrido la pérdida de un compañero muy especial, es normal sentirse triste por esta pérdida tan íntima.

Puede sentirse como un dolor punzante en el corazón o puede sentirse como un dolor constante.

Es importante procesar esta emoción. Tu tristeza honra a tu peludo. Expresarla es una forma de decir: "Te quiero".

## Preguntas de reflexión

1. ¿Cómo describirías tu tristeza? Intenta escribir una definición sencilla.

2. Piensa en algunos de los momentos que te has sentido triste desde que ocurrió la pérdida. Luego, describe algunos de estos momentos.

**La añoranza**

Cuando nuestro querido peludo muere o desaparece, nuestro corazón se aflige. El dolor puede ser intenso.

A medida que pasa el tiempo, añoramos su compañía. Queremos lo que teníamos en el pasado. Anhelamos volver a verlo, escucharlo y tocarlo.

Siempre hay algo que nos recuerda a nuestro querido compañero. Expresar los anhelos que tienes es saludable y sanador. Deja que tu corazón hable.

**Preguntas de reflexión**

1. Cuando piensas en tu pérdida, ¿qué sientes anhelas volver a tener?

2. Cuando piensas en lo que anhelas, ¿qué momentos que compartiste con tu peludo recuerdas?

3. Escoge un recuerdo importante, después descríbelo. No lo evalúes ni lo cambies. Solamente tienes que describirlo. Deja que tu corazón hable.

**El miedo**

# ¿Y AHORA QUÉ?

Inmediatamente después de una pérdida, entramos en un estado de conmoción. Estamos aturdidos. A medida que pasa el tiempo nos preguntamos qué va a ocurrir tras este hecho tan impactante. Hasta puedes sentir impotencia.

Somos conscientes de que cualquier cosa puede ocurrir en cualquier momento. Aquí es cuando el miedo empieza a surgir.

El miedo puede ser una emoción poderosa. A veces, puede abrumarnos y apoderarse de nuestras vidas. Esta emoción puede convertirse en el motivador invisible de nuestros pensamientos y decisiones.

Suele formar parte del proceso de duelo. Como tal, necesita ser reconocido, identificado y expresado. Expresar lo que ocurre en nuestro interior nos ayuda a procesarlo y liberarlo con el tiempo.

**Pregunta de reflexión**

1. Haz una lista de tus temores, ¿cuáles son los que más te perturban?

**La ansiedad**

Cuando sufrimos una pérdida, experimentamos ansiedad. Nuestra vida ha cambiado. Este hecho es impactante y desconcertante.

Muchas personas afligidas sufren ataques de ansiedad o de pánico.

Controlar la ansiedad generada por el duelo puede ser un reto. La clave es recordar que no estamos solos. La ansiedad es natural y extremadamente común para quienes están en duelo.

Respirar profundamente es una sencilla habilidad que puede ayudarnos a controlar la ansiedad. Si quieres saber más, puedes consultar el capítulo sobre esta actividad tan beneficiosa.

**Preguntas de reflexión**

1. ¿Qué te hace sentir ansioso? Haz una lista.

2. Cuando te sientes ansioso, ¿qué tiendes a hacer después? ¿Cómo manejas esta ansiedad?

**La ira**

# ¿Y AHORA QUÉ?

La ira es una emoción poderosa. Vemos sus efectos negativos en el mundo y en nuestro propio pasado. También, muchas personas quieren saber cómo manejarla.

La ira es simplemente una emoción. Como tal, es neutral. Sin embargo, la forma en que manejamos y expresamos nuestra ira puede ser positiva y sanadora o negativa y dañina.

Esta emoción adopta muchas formas. Por ejemplo, angustia, frustración, impaciencia, irritabilidad, silencio, depresión, hábitos insalubres y adicciones.

Estamos programados para amar y ser amados. Cuando un miembro de la familia muere o desaparece, nos sentimos profundamente tristes. Aunque sabemos que la muerte y la separación ocurren, pero, por lo general, esto no nos ha ocurrido antes.

Para poder manejar la ira, el primer paso es reconocerla. Encontrar formas saludables de expresarla será importante en tu proceso de duelo.

**Preguntas de reflexión**

1. ¿Cuándo sueles enfadarte?

2. ¿Cómo sueles expresar tu enfado?

## El entumecimiento emocional

El duelo puede agotarnos emocionalmente. Al igual que un circuito eléctrico, nuestros corazones pueden sobrecargarse, y nuestros sentimientos pueden apagarse temporalmente.

La mayoría de las personas afligidas experimentan una sensación de entumecimiento de vez en cuando. Esto es natural e incluso saludable. El entumecimiento, aunque puede ser molesto e incómodo, puede protegernos. Necesitamos descansar de la intensidad del duelo.

Al igual que con otros aspectos del duelo, reconocer lo que ocurre en nuestro interior es el primer paso para procesarlo.

## Preguntas de reflexión

1. Si te has sentido entumecido, describe cómo fue sentirte de esta forma.

2. Cuando te sientes entumecido, ¿qué sueles hacer?

3. ¿Cómo esta emoción afecta tu vida y tu rutina?

## La depresión

La carga emocional del duelo puede ser pesada. Experimentamos una amplia variedad de emociones. A veces, puede que no sintamos nada. Otras veces nos damos cuenta que nuestro mundo ha cambiado. Incluso sentimos nosotros mismos que estamos cambiando. No queremos vivir en esta nueva realidad. Todo esto puede ser deprimente.

La mayoría de los dolientes experimentan cierta depresión en su viaje de duelo. En la mayoría de los casos, esta depresión es temporal.

¿Cómo sabes si estás deprimido? Estos son algunos de los signos típicos de depresión temporal que pueden experimentar las personas en duelo:

Una sensación continua de tristeza

Llantos frecuentes

Falta de concentración

Falta de motivación

Pérdida de placer

Retirarse de las actividades habituales o normales

Soledad y aislamiento social

Desesperanza

La depresión temporal puede aparecer y desaparecer a lo largo del proceso de duelo. Es fundamental expresar y procesar esta depresión.

**Preguntas de reflexión**

1. Si te has sentido deprimido desde tu pérdida, describe cómo fue sentirte así.

2. Si estás deprimido, ¿qué crees que te puede ayudar a afrontar la depresión?

**Conclusión**

La pérdida es muy dolorosa. El duelo es desafiante y agotador. Procesar el dolor interior y exteriorizarlo es la clave para la recuperación, la adaptación, la curación y el crecimiento.

En este capítulo, has recorrido algunos aspectos del proceso de duelo. Has expresado lo que estás sintiendo en tu interior y has abordado algunas cuestiones difíciles.

# ¿Y AHORA QUÉ?

El trabajo que has realizado es importante. Tu corazón, mente, cuerpo y alma se han beneficiado. Cada paso hacia la curación es un paso adelante. Dado que escribir y llevar un diario sobre el duelo es un campo amplio, en este capítulo sólo he tocado la superficie. Por esa razón, puedes descargar un diario detallado de forma gratuita de mi sitio web (www.afrontandolaperdidadetumascota.com). Está disponible en la página de inicio y aparece al final de este libro en la página de recursos disponibles para los dolientes. El diario gratuito te ayudará a afrontar el duelo mediante la escritura y la reflexión, y con más detalle del que puedo incluir en este capítulo.

Mientras tanto:

*Sé amable contigo mismo.*

*Sé paciente contigo mismo.*

*Sigue escribiendo.*

*Haz de la escritura un hábito diario.*

*Sigue expresando lo que sientes por dentro. Sigue dando a tu corazón vías para desahogarse.*

*Mientras viajas por este camino del dolor, acéptate tal y como eres en este momento.*

*Acepta a los demás tal y como son. Acércate a las personas que te ayudan.*

*Cuida y nutre tu corazón.*

Repite los ejercicios de escritura una y otra vez. Descarga el diario gratuito y úsalo. Te alentará ver cómo sanas y creces.

# 16

# Sugerencias prácticas para afrontar el duelo

Estas son sugerencias que he reunido tras años de experiencia. Puede que algunos no se apliquen a tu caso, pero creo que la mayoría se pueden aplicar:

**1. Encuentra personas comprensivas que te apoyen y te dejen expresar tus sentimientos.**

Llora, no reprimas tu dolor. Tus emociones deben salir. Si los reprimes, solo complicaría el proceso de superación.

**2. Escribe una carta a tu peludo como se ha descrito anteriormente en este libro.**

**3. Escribe una carta de tu peludo dirigida a ti mismo.**

No la hagas de una sola vez, sino durante varias sesiones, y actualízala de vez en cuando. Guárdala como un recuerdo permanente. Te sorprenderá lo que te puede revelar sobre ti mismo. Dentro de unos años, esto se convertirá en un recuerdo personal muy valioso.

**4. Dedícale algo a tu animal de compañía.**

Por ejemplo, donar algo a obras benéficas, regalos en nombre de tu peludo a otras personas que lo apreciaban y colocar una placa conmemorativa. Todo este tipo de actividades pueden ser profundamente gratificantes.

**5. Escribe una lista de todos los recuerdos que compartisteis juntos.**

Con el tiempo, escribe todos los buenos recuerdos que tienes de tu peludo. Actualiza constantemente esta lista. Estos recuerdos vivirán para siempre. Puede que con el tiempo se te pase el dolor, pero eso no significa que vayas a olvidar tus preciados recuerdos.

**6. Lee estas listas y cartas en voz alta, en privado, y expresa cualquier emoción, sentimiento o pensamiento que te surja.**

**7. Haz actividades agradables y placenteras.**

Sin duda, te las mereces. Deberías darte un capricho, quizá vayas de viaje o de vacaciones. Imagina que tu peludo te desea que estés alegre y feliz.

**8. Acude a sesiones con grupos de apoyo locales o únete a grupos online y cuenta tus sentimientos a otras personas que estén pasando por lo mismo.**

Si lagrimeas, te darás cuenta de que no estás solo.

**9. Aprende a comprender y respetar tu propio duelo.**

Si tu duelo es intenso, tómate unas vacaciones. Díle a tu empleador que ha habido una muerte en tu familia, lo cual es cierto. La mayoría de los empleadores toman medidas al respecto. No intentes dar explicaciones ni excusas. Si te preguntan quién ha fallecido, no hace falta que se lo digas. Simplemente dile que es algo muy personal y que te cuesta afrontarlo. Sé firme e insistente. Es importante que te hagas valer en estos momentos. Te lo mereces. Si no puedes conseguir tiempo libre, al menos lo has intentado. Si crees que realmente lo necesitas, tómate el tiempo libre sin pago. Lo más probable es que te respeten por ello, no que te critiquen. Pero, prepárate, puede que no sea así en tu lugar de trabajo.

**10. Celebra un servicio privado para tu querido compañero.**

Como ya se ha comentado en este libro, de este modo crearás unos recuerdos maravillosos y permanentes. Solo tienes que invitar a los amigos y familiares que aprecien esta ceremonia. Los niños deben ser incluidos para que se sientan parte de la familia en la planificación y realización de la ceremonia. Un servicio privado te ayudará a comprender mejor tus sentimientos. No tiene que ser un servicio religioso. Se trata de expresar tus propios valores personales, espirituales o no. No es aconsejable invitar a alguien que no simpatice con tu duelo. Unas palabras de algunas de las personas presentes, seguidas de tu elogio, sería perfecto.

Una ceremonia de este tipo te enriquecerá y se convertirá en una parte muy importante de tus recuerdos. Las fotos de la ocasión ayudarían a conservar el recuerdo de este día tan especial.

## 11. Haz una lista de las cosas ingeniosas y divertidas que hacía tu peludo y que te hacían reír o sonreír.

Añade todo lo que puedas a la lista. Revísala de vez en cuando. Cuando puedas compartir tus buenos recuerdos, risas y lágrimas, léelos a alguien que te haya apoyado durante tu duelo.

Guarda esta lista, junto con todos tus escritos, fotografías y otros recuerdos. Tal vez te guste repasar estos preciosos recuerdos en el futuro. Seguro que te alegrarás de haberlos guardado en un lugar seguro.

## 12. No te aisles.

El terrible dolor del duelo es normal y, por desgracia, inevitable, pero alargar tu sufrimiento es algo opcional. Sentirse mejor no es faltarle el respeto a tu peludo. Sal de casa a pasear, ve a tomar un café, al cine, a una galería de arte o a un museo. Intenta superar esa tristeza y no te sientas como una víctima. Enciende la televisión, en lugar de sentarte solo en una habitación callada. Vuelve a buscar distracciones y actividades placenteras. Te lo mereces.

**13. Si es posible, crea un lugar conmemorativo en tu jardín o en un lugar apartado al aire libre.**

Planta un árbol u otra planta simbólica. Puede convertirse en un maravilloso recuerdo viviente.

**14. Visita páginas web y comunidades virtuales sobre la pérdida de animales de compañía. Hay muchas que son muy útiles.**

Ten la seguridad de que tu amor y tus tiernos recuerdos seguirán viviendo contigo. Tu dolor disminuirá con el tiempo y aprenderás a vivir con la pérdida, a la vez que apreciarás el tiempo que pasasteis juntos.

# 17

# Duelo prohibido: Cuando la sociedad no comprende una pérdida

El duelo prohibido, también conocido como duelo desautorizado es aquel que no recibe la misma comprensión que otros tipos de duelo. Por lo general, se debe a tabúes, prejuicios y estigmas presentes en la sociedad, los cuales repercuten negativamente en esta falta de apoyo.

Por desgracia, el duelo por la pérdida de un animal de compañía se considera un duelo prohibido. Muchas veces la gente intenta minimizar el sufrimiento causado por este tipo de pérdida. Algunas veces hasta te dirán que simplemente fue un animal y que siempre puedes conseguir otro como sustituto.

Puede parecerte extraño que la sociedad considere unas pérdidas más importantes que otras, o que intente dictar cómo se debe hacer algo tan personal como el duelo. Aunque, desafortunadamente, esto es lo que ocurre.

La sociedad impone muchas normas sobre cómo hay que actuar, cómo hay que vestirse, cómo hay que hablar y cómo hay que comportarse. También impone normas al duelo. Dicta quién tiene derecho a hacer el duelo y, en efecto, quién recibe apoyo, reconocimiento y validación. El dolor causado por estas expectativas sociales puede ser agonizante cuando no se reconoce tu pérdida o se minimiza su impacto. La sociedad dice que no deberías estar de duelo, así que sientes que no puedes hablar de ello. No encuentras apoyo en tu círculo social. Te sientes solo. Piensas que tus sentimientos son incorrectos o inapropiados.

# ¿Y AHORA QUÉ?

Puede que te dé igual las reglas impuestas por la sociedad. Pero cuando todo el mundo dice que no tienes derecho a hacer el duelo, o que lo haces con demasiada intensidad o durante demasiado tiempo, es difícil no interiorizar lo que te están repitiendo.

Y si no cuentas con el apoyo de las personas más cercanas, es posible que sientas la necesidad de ocultar tu dolor y tristeza por miedo a incomodar a los demás o a ser marginado.

Explicarle al doliente que el duelo puede volverse más complicado y difícil cuando se le niega su derecho a hacerlo puede ayudarle a expresar sus sentimientos. Es un consuelo saber que existe un nombre para lo que estás experimentando, que otras personas también están pasando por lo mismo y que no te estás enloqueciendo.

Además, no podemos cambiar de un día a otro las normas dictadas por la sociedad, pero, podemos analizar nuestras propias opiniones y posturas sobre el duelo. La siguiente lista puede ayudarnos a ello:

**1. Reconoce que el amor por tu peludo fue verdadero y que tu pérdida no es menos válida que cualquier otra.**

Tu amor, tu vínculo y tu apego fueron reales, y tu dolor también es real.

## 2. Recuerda que te mereces el derecho de estar en duelo por la pérdida de tu animal de compañía.

También puedes escribir esta oración en una tarjeta para llevarla en la cartera o el bolso, ponerlo en una nota en tu teléfono o colocar este mensaje en cualquier lugar donde puedas verlo fácilmente. Cuando alguien te diga algo insolidario e hiriente, que te haga dudar de la validez de tu duelo, saca ese mensaje, léelo y olvida lo que te acaban de decir.

## 3. Recuerda que no estás solo.

Es fácil sentirse aislado, especialmente cuando no encontramos el reconocimiento o el apoyo de otras personas. Puede ser muy útil buscar a otras personas que hayan sufrido pérdidas similares. Es posible que puedas encontrar a otras personas que hayan experimentado una pérdida similar por internet. Cada vez hay más grupos de apoyo virtuales y foros dedicados a ayudar a personas en duelo.

## 4. Crea tu propio ritual conmemorativo.

Es posible que no hayas podido hacer un funeral o ritual conmemorativo de la manera que hayas querido. Tal vez no te sientes cómodo hacer un funeral, porque te preocupa que la gente piense que es algo raro. Si ese es el caso, piensa si en este momento puedes crear tu propio ritual conmemorativo. No hay ninguna razón por la que no puedes hacer un pequeño servicio conmemorativo o recuerdo, especialmente si no lo hiciste en su momento y ahora te arrepientes de no haberlo hecho. Piensa si es algo importante para ti. No tiene por qué ser algo elaborado, puede ser algo tan sencillo como plantar un árbol o visitar un lugar importante.

## 5. Utiliza tu sistema de apoyo.

Si ninguno de tus familiares o amigos te apoya, intenta encontrar otras personas que te puedan apoyar. A veces puedes encontrar personas empáticas en lugares sorprendentes. Este puede ser el momento para acercarte a un amigo o familiar lejano y hablarle de cómo te sientes y de lo que te está pasando. Asimismo, puedes conocer otras personas por internet o en un grupo de apoyo local que estén pasando por algo similar y te puedan dar consejos o simplemente escucharte.

## 6. Busca formas de explorar tu duelo y expresar tus sentimientos.

Considera escribir un diario, dibujar, pintar, fotografiar y otras formas de expresar tus sentimientos. Si tienes dificultades para encontrar apoyo, aún puedes encontrar otras formas de explorar tu duelo y tus emociones.

## 7. Intenta apoyar a otras personas que también han perdido a un animal de compañía.

Posiblemente no estás preparado en este momento, pero quizás lo estés más adelante. Puede ser muy sanador apoyar a otras personas. Debes ser sensible y empático para reconocer a otras personas que también sienten que su pérdida no ha sido reconocida. Sin embargo, recuerda que cada proceso de duelo es único y personal, por esta razón, puede que la otra persona haya sufrido de una manera distinta. Aunque puedes reconocer y validar su derecho al duelo y al luto.

Es cierto que no podemos cambiar las reglas impuestas por la sociedad de un día a otro, pero nosotros podemos empezar a hacer ese cambio. Con el tiempo la sociedad evoluciona, al igual que sus normas y expectativas. Podemos hablar de nuestras pérdidas y cómo nos afectan y apoyar a otras personas. También, se puede concienciar a otras personas sobre sus comentarios hirientes y ofensivos o cuando intentan minimizar el duelo de otra persona. Por último, podemos compartir nuestras experiencias con nuestros amigos, nuestra familia y nuestra comunidad y defender el derecho de estar en duelo por cualquier pérdida.

# 18

# El más allá

Las personas en duelo se suelen hacer las siguientes preguntas: ¿Tienen los animales un alma como la nuestra? o ¿Estarán con nosotros en el más allá? Muchas personas que han asistido a las terapias de duelo se consuelan al pensar que podrán volver a encontrarse en el más allá con sus compañeros.

Hay muchas interpretaciones diferentes sobre cómo podría ser el mundo de ultratumba. Por lo general, se concibe como una imagen terrenal con una existencia corporal. Pero, en caso de que haya una vida en el más allá, es probable que su aspecto sea algo que trasciende nuestra imaginación. A lo largo de los años, me he encontrado con cientos de personas que se tranquilizan al imaginar cómo puede ser. En mi opinión, esto es algo muy beneficioso para las personas en duelo. Imagino que el cielo es una metáfora de la unidad con Dios, una unidad amorosa de todas las cosas con Dios. En ese caso, podemos imaginarlo como queramos, no nos podemos equivocar.

Los funerales y las conmemoraciones consisten en guardar el cuerpo y despedirse de la forma física, pero no se sabe nada de las características espirituales del reino animal. Muchas religiones no sancionan oficialmente este tipo de conceptualizaciones ni ofrecen servicios para ellas. Sin embargo, la mayoría de las religiones celebran la creación terrenal de Dios, proclamando que todos formamos parte de la naturaleza y estamos interrelacionados. Todos somos parte de la creación. Se considera que el amor del Creador abarca a todos los seres vivos, lo que significa que Dios, los seres humanos y los animales forman parte de la misma verdad.

Si crees que hay un origen verdadero de toda la vida, entonces, seguramente, todas las criaturas de este mundo son manifestaciones maravillosas de ese origen creativo y, como tal, los humanos y los animales forman parte de una red interconectada. Estamos conectados por un hilo especial de amor y compañía, cuando ese hilo se rompe (cuando muere nuestro compañero) la tristeza y el dolor resultantes son profundos. Si existe un verdadero origen de toda la vida y todos somos, tanto los humanos como los animales, manifestaciones de ese origen, interconectados en este plano terrenal y capaces de formar conexiones especiales entre especies de puro amor, ¿sería posible imaginar un cielo sin animales?

Si aceptas que los animales pueden amarnos, entonces la lógica es clara y no se puede negar. Si crees que hay un cielo para las personas, entonces nuestros peludos también deben estar allí, esperándonos, cuando crucemos a la otra vida.

El cielo es amor, y nuestros animales de compañía siempre lo compartirán con nosotros.

# 19

# La importancia del sueño en el proceso de duelo

Cuando dormimos, alternamos entre dos tipos de sueño. Uno se llama sueño de movimientos oculares rápidos (MOR) o sueño REM por sus siglas en inglés, que también se conoce como sueño paradójico, puesto que el cerebro está muy activo mientras el cuerpo está dormido. Durante esta fase soñamos. En este tipo de sueño nuestro cuerpo está inmovilizado, pero nuestros ojos se mueven rápidamente. El sueño REM representa un 20% a 25% de nuestro sueño.

El otro tipo de sueño se llama simplemente sueño sin movimientos oculares rápidos (NMOR o NREM en inglés). Esta fase ocurre cuando el cuerpo está completamente dormido y no está soñando. Se alterna entre estos dos tipos de sueño a lo largo de la noche, pero con períodos de sueño MOR que duran más a medida que avanza la noche. Los sueños más vívidos ocurren a medida que se acerca la hora de despertar.

Es posible despertarse justo antes o justo después de cada intervalo de sueño MOR, debido a que esta es la fase del sueño en la que el cerebro está más activo. Lo que se siente como "sueño profundo", el tipo de sueño más reparador, es el sueño NMOR, especialmente en las horas previas al amanecer.

El sueño MOR, es esencial para que podamos curar nuestras heridas emocionales. Es necesario soñar con los momentos cuyas emociones nos perturban, para sanar estas heridas y evitar el desarrollo de la ansiedad y la depresión.

**Sueños y estrés**

Por lo general, al tener un buen sueño, nos despertamos sintiéndonos mucho mejor que el día anterior. Esto es debido a nuestros sueños, que nos permiten recordar los detalles de experiencias importantes y liberar las dolorosas cargas emocionales que acompañan a dichas experiencias. Es posible que te hayas dado cuenta que cuando recuerdas algunos momentos, ya no tienen el mismo impacto emocional que tuvieron cuando ocurrieron. Sigues recordándolos, pero no sientes las mismas emociones que sentiste cuando pasaron. Eso es porque el sueño MOR libera la emoción de la experiencia, dejando un recuerdo narrativo, no emocional. De esta manera nuestros sueños nos ayudan a descargar el estrés acumulado. Por esta razón, obtener la cantidad y la calidad adecuada de este tipo de sueño es muy importante para ayudarnos a procesar nuestra pérdida.

Las personas con depresión tendrán un sueño MOR más intenso, debido a la preocupación y al estrés. Por lo tanto, se adelanta la primera fase de este tipo de sueño, reduciendo la cantidad de sueño profundo. Esto creará sueños intensos que continuarán durante la noche, los cuales harán que la persona se despertará agotada y sin motivación.

Sin embargo, si el insomnio y las pesadillas impiden que el sueño REM haga su trabajo, se activará la amígdala (la zona cerebral que controla nuestras emociones más básicas). Entonces, la insuficiencia de sueño REM dejará a la amígdala mucho más reactiva a los recuerdos con cargas emocionales, aumentando nuestro estrés y creando dificultades para mantener el control intelectual.

Para las personas que no duermen lo suficiente o que se despiertan frecuentemente con pesadillas, la falta de sueño REM generará una acumulación de ansiedad con el paso del tiempo. Sin embargo, debido a su preocupación excesiva, las personas deprimidas tendrán una sobrecarga de sueños, esta sobrecarga consume tanta energía en el cerebro que los deja agotados. El miedo, la ansiedad, la ira y muchas otras emociones pueden bloquear el sueño REM, mientras que la preocupación, la depresión, la soledad y la desesperanza pueden generar demasiado sueño REM. Ambos casos tienen consecuencias.

Dada la amplia variedad de emociones que los dolientes tienen que soportar, hay que recalcar la importancia de tener un buen sueño. La cantidad y la calidad adecuada de sueño MOR nos ayudará a evitar la ansiedad, el miedo, la ira, la preocupación, la depresión y una gran cantidad de otras emociones que nos pueden atormentar.

# ¿Y AHORA QUÉ?

Tener una buena higiene del sueño, tratar de relajarse antes de dormir y seguir un horario fijo a la hora de acostarnos ayudará bastante a los dolientes, ya que fomenta una cantidad de sueño REM adecuada.

## Buena higiene del sueño

Tener una buena higiene del sueño consiste en prepararse para dormir lo mejor posible. Esto se consigue optimizando el horario de sueño, creando un entorno agradable en el dormitorio y siguiendo una rutina en el día y otra antes de acostarse. A continuación, se enumeran unos consejos que pueden ayudar a lograrlo, pero no son requisitos rígidos. Puedes adaptarlos a tus propias circunstancias, con el fin de poder dormir lo mejor posible.

## Crear un horario

Tener un horario fijo acostumbra a tu cerebro y a tu cuerpo a dormir la cantidad total de horas necesarias.

1. Lo mejor es, si es posible, despertarse a la misma hora todos los días, ya que un horario de sueño fluctuante te impide entrar en un ritmo regular de sueño constante.

2. Puede ser tentador saltarse algunas horas de sueño para trabajar o estudiar más, socializar o hacer ejercicio, pero, es importante priorizar el sueño. Fija una hora para irte a la cama, luego haz todo lo posible para acostarte a esa hora cada noche.

3. Si necesitas modificar tus horas de sueño, trata de no hacerlo todo de una sola vez, porque puede desequilibrar tu horario. En cambio, es mejor hacer pequeños ajustes incrementales de una o dos horas para que gradualmente te adaptes a una nueva rutina.

4. Se cree que las siestas son una buena manera de recargar energías durante el día, pero pueden interrumpir el sueño por la noche. Si necesitas tomar una siesta, intenta que sea relativamente corta y limitada a las primeras horas de la tarde.

**Seguir una rutina nocturna**

Una rutina nocturna puede mejorar nuestra higiene de sueño. Es importante seguirla para poder dormir lo mejor posible.

1. Seguir la misma rutina todas las noches, como ponerse el pijama y cepillarse los dientes a una hora determinada, te acostumbrará a irte a la cama pronto.

2. Relajarse treinta minutos antes de ir a la cama puede tranquilizarte y relajarte. Música suave, hacer estiramientos, leer algo ligero y realizar ejercicios de relajación ayudarán a prepararte para un buen sueño.

3. Evita tener una habitación muy iluminada, ya que puede dificultar la producción de melatonina, una hormona que el cuerpo crea para facilitar el sueño.

4. Trata de crear un período de 30 a 60 minutos sin dispositivos electrónicos cada noche antes de acostarte. Se sabe que estos dispositivos estimulan la mente, también, generan una luz azul que puede afectar la producción de melatonina.

5. En lugar de concentrarte en conciliar el sueño, suele ser más productivo concentrarse en relajarse. Las técnicas de relajación como la meditación u otras técnicas de relajación física nos ayudan a tener un sueño óptimo.

6. Debes promover una conexión mental saludable entre estar en la cama y dormir. Por lo tanto, si después de 20

minutos no te has dormido, levántate y estírate, lee algo ligero o haz otra cosa que te resulte relajante mientras hay poca luz.

## Cultivar hábitos diarios saludables

Hay rutinas positivas que puedes intentar seguir durante el día que mejorarán tu ritmo circadiano y reducirán las interrupciones del sueño.

1. La luz del día, especialmente la luz solar directa, es uno de los factores clave de nuestros ritmos circadianos, por lo tanto, evitarla mientras se duerme creará un sueño de calidad.

2. Hacer ejercicio también facilitará nuestro sueño, especialmente el ejercicio al aire libre bajo la luz del sol. Además, tiene otros beneficios para la salud.

3. No fumar o, al menos, dejar de fumar ayuda, ya que la nicotina puede alterar la calidad del sueño. Se ha observado científicamente que fumar causa muchas dificultades para dormir.

4. El alcohol puede facilitar el sueño, pero el efecto desaparece después de unas horas y luego lo interrumpe a me-

dida que avanza la noche. Para mejorar la calidad del sueño, lo mejor es moderar el consumo de alcohol y evitarlo a última hora de la noche.

5. Se recomienda reducir el consumo de cafeína por la tarde y por la noche. Puede mantenerte activo, incluso cuando quieres descansar.

6. Si se come tarde, especialmente una comida copiosa, pesada o picante, el cuerpo seguirá digiriendo la comida cuando llegue la hora de dormir. Lo mejor es no comer al menos tres horas antes de ir a la cama.

7. Trata de construir un vínculo entre estar en la cama y dormir. Lo mejor es usar la cama solo para dormir.

**Optimizar el dormitorio**

Crear un entorno tranquilo en el dormitorio puede ser muy importante para mantener una buena higiene del sueño. Existen varias formas de crear un entorno tranquilo y libre de interrupciones:

1. Un colchón cómodo y una almohada cómoda son cruciales para dormir bien y sin dolor. También es importante tener sábanas y mantas de buena calidad.

2. La temperatura del dormitorio ayuda a dormir, siendo preferible temperaturas más frescas.

3. Usar cortinas pesadas, persianas efectivas o una máscara para los ojos para evitar que la luz interrumpa tu sueño es, en mi opinión, esencial para un sueño de calidad.

4. Puedes usar tapones para los oídos, una máquina de ruido blanco o incluso un ventilador para eliminar los sonidos molestos.

5. Los aromas calmantes también son importantes. Los olores suaves y dulces como la lavanda pueden tranquilizarte.

# 20

# Ocurrencias inesperadas

Varias personas que han acudido a las terapias de duelo me han informado que sintieron la presencia de su animal de compañía, de hecho, es algo que ocurre con frecuencia. Han olido su aliento, los han oído caminar por la casa o subir las escaleras, los han sentido rozar su pierna, se han sentado junto a ellos en el sofá o se han tumbado a su lado en la cama. Algunos incluso afirman haberlos visto después de su muerte. Estas ocurrencias pueden parecer perturbadoras, pero, suelen ser reconfortantes para los dolientes. Aunque, por lo general desaparecen tras unos meses.

Además, tras la pérdida de un amado animal de compañía es normal soñar con él, aunque, por lo general, estos sueños son sencillos, algunos pueden ser más complejos, más perturbadores y llenos de simbolismo. Es más, hasta se pueden tener pesadillas, especialmente si su muerte fue traumática, lenta o dolorosa.

También es normal no haber tenido ninguna vivencia extraña o sueños de este tipo. Muchas veces anhelamos una experiencia de este tipo para poder volver a ver a nuestro querido compañero.

Algunas personas intentan ponerse en contacto con sus animales de compañía mediante un médium, pero te advierto que primero deberías explorar y abordar las razones de tu deseo de volver a ponerte en contacto, también deberías pensar si esto es compatible con tus creencias espirituales.

La mayoría de estas ocurrencias son reconfortantes. En los estudios, se ha observado que más de la mitad de todas las personas en duelo han tenido una o más de estas experiencias. Pero, no sabemos mucho sobre estas ocurrencias inesperadas. Por lo general, consuelan a las personas afligidas, sin embargo, tienen miedo de hablar sobre ellas porque temen las reacciones de los demás.

Si has tenido alguna ocurrencia inesperada, puede ser de ayuda contárselo a alguien de confianza. Si te preocupan, puedes acudir a un especialista en duelo.

# Los beneficios de la respiración profunda

La respiración profunda es una habilidad bastante útil, la cual puede ayudar a procesar el duelo. Quienes lo practican con regularidad han descubierto que es extremadamente útil para manejar los pensamientos y las emociones cambiantes que produce el duelo.

Consiste en inhalar profundamente por la nariz y luego exhalar por la boca. Esto activa el sistema nervioso parasimpático y genera un efecto calmante.

# ¿Y AHORA QUÉ?

Respira profundamente y lentamente durante al menos un par de minutos. Concéntrate en tu respiración y cierra los ojos si es necesario.

Intenta practicar la respiración profunda al menos dos veces al día, una vez por la mañana y otra por la noche. Al practicar esta habilidad, estás entrenando a tu mente y a tu cuerpo a reaccionar a los intensos momentos de dolor que tendrás en el futuro. Si practicas esta actividad frecuentemente, con el tiempo, se convertirá en un hábito que harás a diario y te resultará más fácil practicarlo.

En resumen, esta sencilla habilidad puede ser muy beneficiosa, y cualquier persona puede hacerla, en cualquier momento y en cualquier lugar.

# Conclusión

Compartiste una vida increíble con tu fiel compañero. Vuestro tiempo juntos fue especial, y siempre lo apreciarás y lo llevarás en tu corazón. Sin duda, vivisteis muchas escapadas, alegrías y aventuras.

Te unió con el mundo de los animales, la naturaleza, el universo y te mostró nuevas formas de ver la vida.

Te dio estabilidad cuando no podías obtenerla de tu familia, amigos y/o compañeros de trabajo.

También, te recordaba constantemente que siempre deberías creer en ti mismo, y te enseñó a usar tu valioso tiempo en las cosas que más importan.

Las conversaciones diarias que mantenías con él eran a veces profundas, tal vez te cambiaron la vida, y otras simplemente eran triviales. Además, es posible que tuviera la extraña habilidad de ayudarte a ver las cosas de una manera más simple. Cambió tu forma de ver el mundo.

Le contaste secretos que nunca hubieras compartido con otro ser humano. La confidencialidad que tuvisteis fue un pacto especial.

Por lo tanto, estás en tu derecho de estar en duelo. Has perdido a un ser querido y, desafortunadamente, no volverá. Este acontecimiento inevitable es un hecho que destroza la mente y el corazón.

Tras esta pérdida, puedes esperar cambios muy incómodos. Es posible que sientas desorientación, aislamiento, ira, desconcierto, confusión y todos los sentimientos que suele generar el duelo.

Es importante recalcar que tu vínculo fue único. Fue totalmente exclusivo y excepcional. Debido a esto, todo lo que vas a sentir va a reflejar tu personalidad, la de tu peludo y todos los momentos que compartisteis juntos. Lo que debes hacer ahora es sentir el dolor y experimentar los cambios en tu vida sin tu querido compañero y, en última instancia, volver a llenar tu corazón de alegría que, por el momento, se ha perdido.

Vas a darte cuenta que algunas personas no entienden lo que te está ocurriendo y te animarán a seguir adelante antes de que estés preparado. No pasa nada. No es tu trabajo cambiar sus opiniones. Vuelve a centrarte en tus recuerdos y en tu peludo. Prepárate para enfrentarte a algunas decisiones difíciles que exigirán tu atención. Quieres ser capaz de tomar estas decisiones sin arrepentimiento, culpa o remordimiento. Lo importante es sentir y expresar tu dolor. No permitas que los incrédulos te quiten los hermosos recuerdos de tu corazón.

Celebra su vida con los amigos que te apoyen y no te juzguen, con tu familia, con grupos de apoyo o con un especialista en duelo. A través de esta experiencia, vas a encontrar un remedio para tu dolor personal con el autocuidado, tus creencias y los regalos que recibiste de tu querido amigo.

Tu vida no ha finalizado. Por el contrario, tendrás una visión increíble que abrirá tu corazón a una relación continua con tu peludo. Recuerda que aunque la muerte pone fin a una vida, no termina una relación.

Los cambios que estás experimentando y tus sentimientos de estar perdido sin tu compañero tienen un tremendo impacto en tu vida. Este libro te proporcionará herramientas y opciones sobre cómo puedes seguir adelante, siempre recordando a tu querido amigo.

Cuando estés preparado para celebrar el amor y apego que tuviste por tu compañero con un funeral para mascotas, un monumento conmemorativo o una ceremonia, estarás asumiendo activamente un compromiso con tu animal de compañía y reconociéndolo como una parte integral de tu vida, tu familia y tu crecimiento personal. Era tu mejor amigo, por esta razón, es perfectamente normal llorar su pérdida. Celebrar los recuerdos especiales que compartiste con él, te ayudará a procesar el duelo y aceptar su pérdida.

# Más recursos

Si quieres saber más sobre los futuros lanzamientos, puedes suscribirte de forma gratuita a mi boletín, en el cual recibirás artículos y extractos de libros antes de que se publiquen. El boletín es gratuito.

También puedes descargar un libro gratuito, el cual es un resumen de todo lo que debes saber para poder afrontar la pérdida de tu animal de compañía. Asimismo, puedes descargar un diario de duelo gratuito y 10 recordatorios diarios. Puedes hacer todo esto en la página web: https://www.afrontandolaperdidadetumascota.com

Además, si necesitas ponerte en contacto conmigo, puedes hacerlo desde la misma página web o a través del siguiente correo:

Correo electrónico: santiago@afrontandolaperdidadetu mascota.com

# Gracias por leer este libro

Muchísimas gracias por haber leído este libro. Espero que te haya servido durante este momento tan doloroso.

Espero que recuerdes a tu querido amigo gatuno con mucho amor en vez de recordarlo con dolor. Puedes pensar que la mejor manera de respetar su pérdida es seguir con tu vida. Seguramente nuestro querido compañero no hubiera querido que estuviéramos el resto de nuestra vida lamentándonos. Habría querido que dejáramos de lado el dolor y volviéramos a encontrar la felicidad, como cuando estábamos en su compañía

Finalmente, quiero recalcar la necesidad de expresar todos nuestros sentimientos y no limitarnos a las necesidades y expectativas de los demás. Aunque mucha gente no entiende el dolor generado por la pérdida de un compañero tan amado, debes entender que es importante hacer el duelo por una pérdida tan íntima e ignorar los comentarios negativos de otras personas.

Por favor comparte este libro con tus amigos y tus redes sociales si crees que puede ayudar a otros amantes de los animales y personas que estén pasando por esta etapa tan triste y dolorosa.

Además, agradecería cualquier valoración o reseña que quieras dejar.

Si necesitas ponerte en contacto conmigo o quieres saber más sobre los servicios que ofrezco puedes mandarme un correo electrónico o puedes visitar mi página web (https://www.afrontandolaperdidadetumascota.com).

Correo electrónico: santiago@afrontandolaperdidadetumascota.com